自律的误区

张晓蔓 ◎ 著

辽宁人民出版社

© 张晓蔓　2021

图书在版编目（CIP）数据

自律的误区 / 张晓蔓著. — 沈阳 : 辽宁人民出版
社, 2021.11
　　ISBN 978-7-205-10290-6

　　Ⅰ . ①自… Ⅱ . ①张… Ⅲ . ①自律 – 通俗读物 Ⅳ.
①C933.41–49

中国版本图书馆 CIP 数据核字（2021）第 193694 号

出版发行：辽宁人民出版社
　　　　　地址：沈阳市和平区十一纬路 25 号　邮编：110003
　　　　　电话：024-23284321（邮　购）024-23284324（发行部）
　　　　　传真：024-23284191（发行部）024-23284304（办公室）
　　　　　http://www.lnpph.com.cn
印　　刷：三河市三佳印刷装订有限公司
幅面尺寸：170mm × 240mm
印　　张：14.5
字　　数：220 千字
出版时间：2021 年 11 月第 1 版
印刷时间：2021 年 11 月第 1 次印刷
责任编辑：蔡　伟　贾　勇
装帧设计：末末美书
责任校对：耿　珺
书　　号：ISBN 978-7-205-10290-6

定　　价：45.80 元

你是不是每天早早起床打卡，发朋友圈，然后再睡个回笼觉？你是不是每天精挑细选护肤品，但还会挑灯夜战看小说？你是不是为了凑够一万步，逼着自己非要多绕两圈？你是不是……停下吧！你这不是在持续性自律，而是在间歇性自虐啊！

为什么别人能轻轻松松成功减重，随随便便达成目标，你却在痛苦的煎熬后，依然一无所得？这是因为你的自律并不是真正的自律，你所用的方法并不是正确的自律方法。

哈里斯·克恩在《自律》一书中指出："自律是你同你自己之间的一种合同。在任何情况下，你都必须遵守这个合同。你自己就是警察，一旦你违反了规则，你将必败无疑。"

通过一个生活中的实例，我们会更容易理解他这段话的意义。当你决定使用"每天跑步5公里"这个方法来减肥时，你便与你自己签订了一个"自律"合同，你必须风雨无阻地每天坚持跑步5公里，这是合同的内容，也是合同的规则。

谁来监督你执行这个合同呢？你自己就是警察，如此一来，一旦你违反了合同规则，即有一天你没跑5公里，那你便会在内心惩罚自己，你将会带着这种负疚感继续履行合同；如果再出现违反合同规则的情况，那你将继续自我惩罚，直至你彻底无法履行合同，败下阵来。

什么才是真正的自律？自律高手们都是用哪些方法自我约束的？自律过程中有哪些需要注意的事项？这些问题的答案是每个"苦自律已久"的人都想知道的，也是本书着重要讲述的。

首先一点，自律高手们并没有我们想象得那样"异于常人"，他们也是因为存在不自律的问题，所以才选择用自律的方法去解决这些问题。他们之所以能成功，一方面有自身努力的因素，另一方面则是选对了自律方法。

选对自律方法很重要，有些人不自律是因为在情绪管理上存在问题，但他们选择在时间管理上追求自律，如此"药不对症"，自然没办法获得好的"疗效"。

本书介绍了一些高手自律的基本方法，同时还有针对性地从自控力、时间管理和情绪管理等角度展开介绍了更深层次的自律方法。但需要说明的是，无论哪一种方法，如果它是一成不变的，那它便不可能为所有人所用，只有让方法灵活多变起来，才能让它更好地匹配并解决我们的问题。

在这一点上，认清自己也很重要。很多人一提到自律，就马上去找方法，这是忽略问题本质的做法。如果不知道自己不自律的根源在哪，胡乱找到方法，也是无济于事的。出于这种考虑，本书介绍了一些可能导致不自律的人性弱点，供读者了解比对。

从现象到本质，是认识事物的基本方法，学习自律亦是如此，从不自律现象到不自律问题的根源，再到寻找自律方法，深入培养自律习惯，这是本书的逻辑，也是我们养成自律习惯的流程。

其实，与其用一次次的痛苦尝试，换来一次次的失败体验，倒不如给自己放个假。

翻开这本书，你可以重新审视一下自己经历的自律。待合上书后，也希望你能重新开始一段新的、高效的、愉悦的自律历程。

目录

第一章

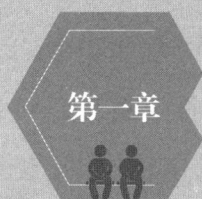

自律？省省吧！
你是在间歇性自虐

早起打卡先交费，大可不必

春风送暖，顾浩亮越发不想从床上爬起来。

闹钟响了三遍，按了三遍，顾浩亮还在被窝里挣扎着。最后，他光荣地迟到了。

"喂，大亮，你这个月迟到几次了？最少有三次了吧？迟到三次可是要扣半月奖金的啊。"同事说道。

顾浩亮揉了揉眼睛："别提了，其实晚上睡得挺早的，不知道为啥，早上就是起不来。"

同事笑着说道："我上周加了个'早起群'，挺不错的，你也加进来吧。"

顾浩亮摇了摇头："闹钟都叫不醒我，群有啥用。"

原来，同事推荐的这个"早起群"是专门给"想自律的人"准备的。每个人进群前，要先缴纳一笔费用。如果能在规定时间内打卡，到月底就能返还这笔钱，如果没能在规定时间内打卡，这笔钱就要被没收，拿去奖励给坚持打卡的人。

"为了不让自己的钱'打水漂'，我每天都硬着头皮早起打卡，"同事顶着黑眼圈笑道，"这不，我这个月都没迟到过，你也试试吧！"

不知从何时起，这种"打卡群"在人们的生活里时兴起来。

若说效果嘛，确实是有，很多人为了"钱不打水漂"早起、跑步、瘦身，但这种打卡并不能证明你的自律。就像顶着黑眼圈说自己"不再迟到"的同事，他只能证明自己起早过，却不能证明自己好好利用了早晨这段时光。

热衷于"打卡群"的年轻人已经将"早起顺便打卡"本末倒置，变成了"早起只为了打卡"。而且，靠与人分钱来维系的自律根本不能算自律，这充其量只能算他律，说得再直白一些就是伪自律。这种伪自律，就是过分追求仪式感和结果，而忽略了原本目标的行为。

在我们生活中，类似"打卡群"的伪自律行为还有很多。

摆拍式自律——健身房里，一身漂亮运动装束，妆发整齐的女子骑在动感单车或站在跑步机上，一边调整好手机，一边找角度自拍，有的还会找路过的人帮自己拍照。

跟风式自律——昨天的朋友圈是跟着健身达人练马甲线，今天的朋友圈是跟手账博士学画画，明天的朋友圈是跟着美食博主直播做菜。他们的兴趣来也匆匆去也匆匆，凡事都是浅尝辄止，只有三分钟热度。

自残式自律——为了考各类资格证件，要么挑灯夜读，要么冰水洗漱，要么头悬梁锥刺股，知识点没记下来多少，反而病倒了。

其实，朋友圈里这些溢出屏幕的仪式感，都因为太注重形式和结果，而成为自欺欺人、虎头蛇尾、消耗健康的伪自律了。如果伪自律过了头，那便不能称之为自律，只能称其为"自虐"了。

国际范围内，唯一连续两届拿下国际华语辩论最高赛事"国际大专辩论赛"最佳辩手的黄执中，就曾在《小学问》一书中指出，有些人在做出"改变自己"的决定时，会陷入"Do（做什么事情），Have（得到什么东西），Be（成为什么人）"的行为误区。

比如某个女生想减肥，人家问："你为什么要减肥？"女生说："因为想瘦（Do），想有马甲线，想有细长的腿（Have），变成一个自信、漂亮的人（Be）。"

其实，这在心理学上是不成立的，正确的方式应该是"Be，Do，Have"。也就是说，你要从一开始就决定，要成为一个有自信的人（Be），然后想想自信的人是什么样子，比如很瘦（Do），等你达成了 Be 和 Do，就自然有了天鹅颈、马甲线、细长腿（Have）。

王文总是忽胖忽瘦。每当男朋友说她胖时，她就不吃主食，外加花式运动。可没过几天，她就因为补偿心理和自怜情绪，疯狂吞食烤肉和甜点。就这样，王文忽胖忽瘦，一周减下来 10 斤，三天就能涨回去 12 斤。

年前，王文又一次瘦了下来，而且这次保持的时间很久，周围的人纷纷向她取经。王文没有隐瞒，她实话实说道："我之前因为不规律减肥，在体检的时候查出了内分泌紊乱，所以我把瘦身的目标改成了健康。没想到，饮食、睡眠和运动跟上来后，体重也跟着减了下来。"

其实，王文之前的自律就是伪自律。她通过各种不健康的方式，来达到瘦身的目的，最后，却因为过程太难实现反而更胖。后来，她把目标从"减肥（Do）"转换成"变成一个健康的人（Be）"，人也瘦到了健康的程度。

我们完全可以按照"Be，Do，Have"的方式来帮助自己自律。

（1）Be：在目标层面，不要误将他律当作自律

王文在听到男友说"你胖了"时，因为在意对方的评价而做出了应激反应，这种心理其实更接近于他律。

自律的参照物是自己，与过去的自己比，你进步了，那你就是优秀的自律。这种自信感和满足感会逐渐积累，最后凝聚成兼具审美与提升自我价值的自律，这种感觉会让你自律的续航力更加持久。

他律的参照物是外界，是通过与别人相比，来获得一种心理上的满足。他律会让你把自己的人生，活成讨好别人、期待别人夸赞你的人生。可世界上又瘦又美的人太多了，你总不会是最美的那个。最后，你只能在痛苦的心情中匆匆结束"自律"。

所以说，在做一项关于自律的决定时，你一定要思考这样一个问题——我到底想成为一个什么样的人。

（2）Do：为了自律而自律，而并非是为了别的

本节开头，顾浩亮因为迟到问题而头疼。其实，对他来说早起并不难，赖床只是因为他不知道起来那么早要做什么。

当我们处在身体乏累期时，为了保持良好的学习和工作状态，我们就算多睡一下也没有内疚感。有"早起"打算的人，通常是为了某件事——吃早餐、晨跑、背单词等。而很少有人单纯是为了早起而早起。

但"打卡群"以他律为基础，让人们单纯为了早起而早起。这就违背了自律的本来意义，只能算是一种偏执的伪自律，或一种为了产生安心感的功利性自律，这种伪自律是不会坚持长久的。

（3）Have：不要让你的自律缺乏效率

很多人都喜欢在各种软件上"走路赚钱"，可真正自律的人不会这么做。

首先，沉迷走路赚钱的人，都会忽略这样一个原则——"不必抓住每一分钟去自律，而是要抓住自律的每一分钟"。也就是说，为了走路而走路的人们，只会盯着不断上涨的步数，这种机械式目标反而会让人更快懈怠。而真正自律的人，会将走路当作日常，他们没有太多杂念和欲望，一边听听歌一边走走路，反而能坚持较长时间。

就拿读书时代来说，笔记抄得整洁干净，却对考题"一问三不知"的大有人在。他们将抄笔记（Do）的行为当成自律，却不知自己早陷入了伪自律的怪圈中。

其实，伪自律不过是加了水分和泡沫的自律，当我们想戳破泡沫，获得真正的自律时，不妨先从以下三个方面，分析自己即将开始的自律是不是"干货"。

①目标方面——我设立该目标，是为了满足自己的期待，还是为了满足别人的期待；

②行为方面——我现在的行为，是为了达成目标，还是为了缓解自己的焦虑；

③收获方面——我现在的收获与我的付出成正比吗？我的节奏是不是太快了。

只要想通了上述三点问题, 大家就能明白自己的自律究竟有多少泡沫了。

多少人都被"用自律过'开挂'的人生"洗了脑, 在这样的口号下, 大家不自觉地迈开腿, 开始了自己的"自律之旅"。

多少人在"自律能让人开挂, 自律能给人自由"这样的口号下, 开始了风风火火的自律之旅。可自律能让人生开挂, 伪自律却不能; 自律能让人们精神富足, 伪自律却不能; 自律能让我们心情愉悦, 伪自律却不能。

所以说, 打卡先交费, 走路来赚钱, 绝食加吃药……这些真的——大可不必。

用最贵的化妆品，熬着最晚的夜

最近很流行一句话："用最贵的化妆品，熬着最晚的夜。"

这话听起来很酷，一下子就打动了热衷熬夜的"熬夜星人"叶小雨。

跟男神约会的前一天晚上，叶小雨痛痛快快地熬了个通宵，然后顶着黑眼圈去商场买化妆品。可让叶小雨觉得悲哀的是，她忽然发现自己根本买不起最贵的化妆品！

叶小雨揉着眼睛，心里暗道："完蛋了。"

这时，一个柜姐举着叶小雨没听过牌子的眼霜冲她招了招手："我们这款眼霜里面有人参、鹿茸等各种精华……能逆天改命。"

叶小雨大喜，结果涂完后，她的黑眼圈不但没被遮住，反而因为过敏住了院。

男神来医院探望，看着两眼红肿的叶小雨吓了一跳："你……跟我爷爷养的金鱼好像。"

这种看似"傻白甜女主剧"的桥段，其实在我们生活中却很常见。

大街上的步履匆匆，地铁上的人头涌动，站在上帝视角看，似乎每个人都在忙碌地奋斗。尤其在一线城市，快节奏的生活会让你本人也坚定地认为"我在忙着奋斗"。可将时间转换到正常速度时，人们才发现这浑浑噩噩的生活，不过是表面勤奋罢了。

白天的度日如年，让我们觉得更需要放松心情。

怎么才能抚慰上班的苦累心塞呢？当然是聊聊天，追追剧，刷刷朋友圈和短视频，再上购物网站买买买啦！白天的度日如年，到了晚上却变成光阴似箭。还没怎么尽兴，时间就跳到了夜里十二点半。这时，你发誓再玩五分钟就睡觉，可这五分钟不知不觉地变成了凌晨三四点钟。晚上睡不好，白天没精神。最后，你又开始了新一轮的度日如年。

有人说，当代成年人的注意力是急剧下降的。关于这点，其实并没有什么科学依据。因为我们在玩乐的时候精力一直是很充沛的，尤其是那些喜欢开黑打游戏，或者热衷逛街购物的人，他们更不会有什么注意力急剧下降的问题。

大部分人的注意力下降，都只是针对其工作时期的注意力。他们白天跟同事聊聊天，在网上点点热搜，一直拖到快下班还没完成一半的工作量。华灯初上，拖延的人们却被迫熬夜，这种不得不熬的夜，也确实不配用最贵的化妆品。

有些人通宵学习，成功从三流本科考上北京大学的研究生，这样的人可以用"自律"形容，也配得上所有通宵的夜晚。可有的人只学了五分钟，却看了一通宵综艺，这样的人不但白熬了夜，还会对身体造成很大损伤。

作家桐华曾说："最终能让人成功的，还是不带任何功利心的兴趣。"自律也是如此，最好的自律不是刻意的，不是看到什么就跟风去做什么。最好的自律，应该是从眼下做起，细水长流。

　　赵括一直想当个骑行冠军。后来，他大学毕业，走上社会，每天团团转的生活让他放弃了骑行的梦想，整天只顾埋头赚钱。

　　后来，在大家的支持与鼓励下，赵括买下了一台六千多元的捷安特自行车，并配备了全套骑行装备。赵括的朋友圈，从"现实与梦想背道而驰"变成了各种地点的骑行打卡。

　　冬天，县里有一个骑行比赛，朋友们纷纷给赵括打电话。

　　"赵括，好机会来了！"

　　"他们都是业余的，你是专业的，肯定能拿冠军！"

　　……

　　可是赵括出乎意料地拒绝了所有人，似乎他对冠军梦并不感兴趣。大家百思不得其解，直到赵括的女朋友说出了真相——你们没发现，赵括朋友圈里的车很干净吗？

　　原来，赵括一直是开车去的打卡地，玩够之后，从后备箱拿出自行车，穿上骑行服，威风凛凛地站在自行车旁打个卡。这，便是赵括的"理想"。

假装有理想，只能把"理想"变成自己的"设想"。

比如想通过健身达到自律的人，通常会把时间浪费在"寻找健身房""购买健身装备"上，其实他们连现在放下手机，下楼散散步都做不到；比如想通过减肥达到自律的人，通常会把时间浪费在"购买代餐产品""办减肥会员"上，其实他们连下一餐少吃两口都做不到；

比如想通过看书达到自律的人，通常会把时间浪费在"购买一本好书"和"去逛书店"上，其实他们有一书架的书，但连一本都没有看完……

当他们没有达到目标时，就会很委屈地问："为什么我明明努力了，却越来越虚弱、越减越肥、知识储备量越来越少？"其实，他们只是把理想做成了"面子工程"，却忽略了最能代表自律的里子。

只要我们愿意，我们能装出更多伪自律的样子。比如穿上健身服，站在跑步机上假装"挥汗如雨"，再比如购买一份漂亮的蛋糕，把它装在盘子里假装是自己的"杰作"。可是，即便我们骗了朋友、骗了亲戚、骗了陌生人，我们能骗得了自己的脂肪吗？能骗得了自己的技能点吗？这种伪自律，真的不要也罢。

大家都知道，"越自律，越成功"。

一个人越自律，越成功。真正的自律是这样的：每天作息时间很有规律，每天的任务必须完成；不求样样精通，但总要坚持做一件事，一做到底，"不到黄河心不死"；不会炫耀自己，也许从来不发朋友圈，但每年都有惊人的进步；非常注重健康的生活方式，有良好的习惯……

德国哲学家海涅曾将"反省"比作一面镜子，他认为"反省"能将人们的错误原原本本地照出来，这让我们有机会改正自己。

如果你正处在伪自律阶段，那就反省一下自己，不要用错误的方式生活，不要为了"虚伪的面子"而丢掉"真实的里子"，否则你的生活只会越来越迷茫。

《格列佛游记》里有这样一句话："盲目可以增加你的勇气，因为你无法看到危险。"当你瞎忙时，只会看到自己的忙碌，却看不到忙碌后你会收获什么。

有人在时，你忙碌给对方看，恨不得手脚并用地表现自己。可没人监督时，你就会懒散地刷刷手机，玩玩电脑，忙着应付工作。这种所谓的"自律"，不过是在敷衍自己。你朋友圈里的"照骗"就算能骗过别人的眼睛，骗过自己的心，也没办法骗过自己的成绩。

　　熬夜不等于忙碌，我们一定要在对的时间做对的事，这样才算自律。就算你真的能用得起最贵的化妆品，也不要用熬夜来证明自己用得起。

　　毕竟，早上 7 点半的太阳，可比凌晨 2 点半的月亮好看多了。

同样的一万步，不同的失与得

谷歌有位高级工程师，名字叫马特·卡茨。为了让自己变得更加优秀，他特意制定了一份"三十天改变计划"。

每天步行10000步；每天骑自行车上班；写一本5万字的小说；每天拍一张照片；拒绝咖啡因；不玩推特；不吃糖；不看电视……

总之，这份"三十天改变计划"充满了挑战性。在一般人看来，马特·卡茨肯定会半途而废，可让人没想到的是，他竟然全部坚持下来了。

三十天后，之前那个肥胖的宅男不见了，取而代之的是一个健康的程序员。而且，他发自内心地喜欢上了骑自行车，甚至完成了去非洲最高峰乞力马扎罗山的远足。

心理学家曾总结过这样的一条规律——自律，前期是兴奋的，中期是痛苦的，后期是享受的。诚如心理学家所说，自律到后期应该是享受的，可大部分人都在自律的中期，也就是痛苦期徘徊了太久。时间长了，他们就会将自律与痛苦画等号，这就是自律失败的根源。

就拿走 10000 步来说，10000 步大约有 6 公里，自律的人认为步行 6 公里很容易，甚至根本没想到自己要达成 6 公里的目标。他们只是觉得，走路可以思考人生，可以让自己快乐，所以不知不觉间便能走完 6 公里。可有些给自己硬性规定必须走 6 公里的人，他们会一边走路，一边盯着计步器，这个过程就是很漫长、很痛苦的了。

人们都觉得，自由就是想做什么就做什么，可事实上，自律的人才会更自由。极致的自律是能给人的内心带来平静与享受的，因为你知道，自己正在一天天地变好，这种自律会成为一种深入骨髓的习惯。

就拿"小李子（美国著名演员莱昂纳多·迪卡普里奥）"来说。之前一提到他，人们脑中都会浮现出一张清秀英俊的面庞。而现在一提到"小李子"，人们脑中只有两个字——"水枪"。而另一位好莱坞演员——20 岁就出演硬汉的杰森·斯坦森，50 岁时身材依旧保持得非常棒。可见，自律可以让我们活得更高级。

西奥多·罗斯福——美国历史上最伟大的总统之一——曾说："只要你有了自律的能力，就没有什么事情是做不到的。"正如罗斯福总统所言，自律这件事，说得容易做起来却难。多少人羡慕别人的身材，可了解对方的艰辛付出后，又迅速打起了退堂鼓。

一个缺乏自律的人，总觉得自己身边充满了诱惑，也总被他人的观念所侵扰。就拿减肥这件事来说，缺乏自律的人会认为"朋友请吃饭""晚上有饭局""女性生理期""晚上加班"等都是对自己减肥的挑战，可自律的人能应付自如。

比如朋友请吃饭时，我们可以选择低卡餐来代替烤肉、烤串、火锅等。即便吃烤肉、火锅等高嘌呤食物，我们也可以选择多吃点蔬菜，少吃点蘸料等。至于晚上加班，则可以选择牛奶、粥、水果、酸奶等宵夜来代替烧烤、炸鸡。

所以，身边的诱惑只对缺乏自律的人产生作用。我们也不必拿如上借口，来作为打破自律的借口。

张薇拒绝了同事的周末旅游计划，因为她有一堂摄影课必须去上。这位摄影老师很难约，张薇相信会对她的摄影技术有很大帮助。同事们轮流劝她一起去玩，可张薇就是"油盐不进"。

同事赵慧话里有话地说道："薇薇真是有主意的人啊，我们这么劝都不来，不知道的，还以为是看不起我们，不屑跟我们为伍呢。"

张薇笑了笑："下次吧，下次我给你们照相。"

可是，张薇每个周末都要去上摄影课。渐渐地，同事们出去吃喝游玩也就不叫她了。张薇倒是没觉得自己被排挤，照样按照自己的规划走。

一年后，张薇从公司辞了职，用一张摄影金奖的照片做了业内某知名公司的"敲门砖"，从此成为一名职业摄影师。她的薪资待遇比从前翻了几倍，最重要的是，她做上了自己喜欢的工作，身边也是跟自己有同样爱好的人，她每天都很快乐充实。

正如赵慧所说，张薇是个有主意的人，她原本就没打算在公司长待。所以，与其把休息时间浪费在维护所谓的"同事关系"上，倒不如用来充实自己，早日实现自己的摄影梦。

自律的人生可以像"开挂"一样，但现实中很少有人做到。就像张薇一样，她若想以平常人的身份，与一群专业的人竞争 offer，那就必须付出 200% 的努力才有可能。

可是，人是一种社会性动物，对于他们来说，失去比得到的影响更大。就拿同样的 500 元来说，捡到 500 元的快乐指数可能是 3，但丢掉 500 元的痛苦指数则可能是 7。也就是说，对于一个普通人来讲，丢掉休息时间去学摄影是件很痛苦的事，这便是存在于人性中的"损失厌恶"。基于这种本性，人们通常会一边逃避付出，一边幻想所得。

比如我们一边大嚼特嚼红烧肉、披萨、蛋糕，一边幻想自己拥有模特身材；比如我们一边打游戏、看小说，一边幻想自己考上清华北大；再比如我们一边跟同事吃喝玩乐，一边幻想自己能攒下很多钱。这些都是缺乏自律的人常见的表现。

真正的自律，意味着我们要有所放弃，要懂得取舍，要懂得为人生做减法。想保持身材，就要跟垃圾食品说再见；要进修、攒钱，就要拒绝吃喝玩乐的邀请；要成为学霸，就不能放纵自己熬夜打游戏、煲电话粥。

其实，自律没有那么难，因为它不仅仅局限于肉体和时间，它是一种思维模式的转变。当我们的思维发生转变后，"贪吃""懒惰""痛苦""愤怒"等欲望和情绪就会得到自然而然的控制。我们生活中常常能见到各种各样的"班"——"七天速成班""二十一天速成班""一百天冲刺班"……可最后坚持下来的，连总人数的 10% 都没有。

当你将自律当成一种负担时，那你每一分每一秒都是痛苦、煎熬的，可当你转变思维时，你的自律习惯就远远不止七天、二十一天了。

那么，如何才能将自律变成一种习惯呢？

（1）设立具体目标

还是拿减肥举例，我们来看以下两种情况。

情况一：A说，我要减肥，我要瘦成超模。

情况二：B说，我要1个月瘦10斤，每周瘦2.5斤。

不用想，B肯定要比A有计划，而且B的成功率也会比A高。因为人们用具体的条文进行目标定义时，他们的成功性也会增加。而且，具体的目标也会成为维持毅力的关键。

一旦给自己定下目标，人们就会跳出日复一日的纠结，当我们100%投入某件事时，就能减少例外的发生。当我们将事情维持成定局时，那外界的诱惑也就容易被抵制住了。

（2）每次只完成一项任务

很多朋友为了尽快让自己变得优秀，通常会将计划表列成这样——半年内练出马甲线、看20本书、通过某个考试、来一场说走就走的旅行……可是，毅力就像肌肉，用久了便会产生疲劳感。同时进行太多挑战，反而会让你一事无成。

有一个著名的意志力测验：

100个人被随机分成三组。A组的每个成员都获得了一盘味道不怎么样的小萝卜，研究人员要求他们将整盘小萝卜全部吃掉；B组的每个成员都获得了一盘美味的饼干，研究人员要求他们将整盘饼干全部吃掉；C组的每个成员可以随意决定自己想吃的东西，也可以什么都不吃。

在所有东西都被吃光后，研究人员要求这100名成员解答同一道难题（其实这道题并没有答案）。A组成员平均坚持7分钟就放弃了，可 B 和 C 组的成员都坚持了大约 15 分钟。由此可见，A 组成员光是吃萝卜就耗费了大部分毅力，后期也就没多少精力去解答难题了。

我们的毅力就像电池，每天早上充满电后，我们会不断消耗电量。当你用太多电去做一件事时，就没有足够电量做其他事情了。

所以，我们不能将精力分成太多块，否则将会得不偿失。

自律能让我们的生活更加高级，希望大家都不要做欲望的奴隶。

看书如嚼蜡，不如去打游戏

"我真坚持不下去了，"赵力痛苦地揉着眼睛，"我觉得我要累死了。"

赵力的女友郭芙心疼地说道："当初你说要考研，我觉得这是件好事所以支持你。可是，你为了考研把身体搞垮，这就得不偿失了。罗马不是一天建成的，这些知识也不是立刻就能记住的，何必逼自己呢？"

赵力摇摇头："你懂什么，这都11月了，还有1个多月就考试了，我不逼自己一把，怎么考得上啊。"

"今年考不上就明年继续考嘛，"郭芙说道，"你这么逼自己看书，就能看得下去了？"

赵力摆摆手："行了，你别耽误我看书了，赶紧出去吧。"

郭芙又气又担心，却又不知道怎么劝男友才好。

很多朋友都有这样一个误解：自律，就是逼着自己做不喜欢的事。

就拿赵力来说吧，他觉得自律就是逼着自己看书，就算累死，也是死在自律的路上。可是，能把人累死的行为根本不叫自律，只能叫自虐。

中国有个成语叫"劳逸结合"，而这个成语也是形容自律的最好词汇。

与吃喝玩乐的"逸"相比，学习、运动等需要耗费精神、消耗体能的行为则被称作"劳"。这些"劳"很容易让人产生厌倦、烦躁、疲惫、麻木等情绪，而这些情绪则容易让自律行为中断。

根据心理学家亚伯拉罕·马斯洛的需求层次理论，"劳"与"逸"的结合点有三个层面：

（1）生理层面

人在没有获得补充的情况下长期保持劳累、专注等状态，就会给身体造成过重负担，也会影响健康。所以，人们需要在劳动过后喝点水，休息一下，这样才能保证身体机能健康运行。

（2）情感层面

人都有社会属性，每个人都需要倾诉，需要从他人处获得慰藉、同情，也需要依赖与被依赖。在一段时间的辛劳后，人们需要休息一下，用聊天、八卦、打游戏、看书、听音乐、画画等方式来排解自己的情绪。

（3）认同感层面

人们需要通过做一些具有挑战性的事物，来获得对自我的认同。

另一方面，人们也需要做一些"劳"之外的事情，来获得反向的自我认同。

劳逸结合的目的就是延长毅力，为了能让人们更高效地进行学习和工作。失去劳逸结合的自律，无疑是低效且痛苦的。

何况，劳逸结合中的"逸"并非是指沉迷游戏、沉迷赌博、沉迷追剧等。这个"逸"指的是娱乐时间，也就是能自由支配的时间。在这段时间里，你可以做一些放松身心的活动，比如看看电视，吃块蛋糕，甚至可以用笔在纸上毫无意义地滑动。

我们可以站在娱乐的角度解读马斯洛的需求层次。

（1）生理层面

困了、累了、饿了，可以小憩片刻、闭目养神或吃点东西。眼睛酸涩时可以眺望远方，久坐可以站起来走走，也可以使用番茄时钟来具体管理时间。如果长期投入工作或学习，则可以在事情告一段落或事情暂时告一段落时给自己放个假，外出郊游和看场电影都是不错的选择。

（2）情感层面

娱乐方面的情感需求很简单，小到聊天，大到旅游，都是情感娱乐的不贰之选。尤其是陪家里人旅游，或跟朋友聚餐、聚会、爬山、看电影都不错。

（3）认同感层面

自我认同感是娱乐方面最重要的需求了。当我们长期致力于某件事时，就会不可避免地产生疲劳感，而疲劳感也会降低我们的效率，让我们产生自我怀疑。娱乐能很好地调节这种心情，也能让我们在短暂的休息后迅速提升效率。提升效率后，我们也会因为成就感而提升自我认同感。

虽然大家都知道劳逸结合，但就像本节开头的赵力，大家都会为了一些正事忽略休息。最极端的情况，就是人们点灯熬油地做功课，从而大大消耗了身体健康。

"头悬梁，锥刺股"似乎是传统美德，不分昼夜地工作似乎才能证明勤劳。可是，过分的勤劳也是伪自律的一种，因为我们根本不可能长期保持高效状态。

俗话说"欲速则不达"，这个词在运动、健身上最为常见。

如今，健身已成为一种潮流，也成为自律人的标签。很多人喜欢通过健身来证明自己自律，可大部分人的健身都没有良好效果，其原因就是人们只注意了严格训练，却忽略了健身时必要的饮食和休息。

我们都知道，肌肉是在训练中不断被撕裂，然后在休息时进行修复生长的。所以，我们必须为肌肉的生长提供恢复所必需的休养。一味地锻炼而忽视休息，反而会取得反效果，对健康造成不利影响。

报过健身课程的朋友都知道，教练在为我们制订健身计划时，都会将"热身""休息"等放入其中，比如下面这张"1小时健身计划表"：

1小时健身计划表

10分钟"坡度3"的慢跑热身；5分钟伸展运动；1分钟高强度跑；2分钟间歇跑；1分钟高强度跑；1分钟调整恢复；1分钟高强度跑；2分钟间歇跑；1分钟高强度跑；1分钟调整恢复；10分钟综合运动；1分钟调整恢复；3分钟接力运动；1分钟调整恢复；1分钟高强度跑；2分钟间歇跑；1分钟高强度跑；1分钟调整恢复；1分钟高强度跑；2分钟间歇跑；1分钟高强度跑；1分钟调整恢复；10分钟"坡度3"的慢跑热身，结束。

这是专业教练制订的健身计划表，从这份计划表中，我们能看到重复次数最多的就是间隔休息。除去热身前后，我们能发现休息和运动之间的比例应该是1∶1。

也就是说，良好的自律行为应该是休息、工作并行的，因为休息是为了更好地进入到下一阶段的工作中。一个连时间和精力都无法管理的人，又何谈自律呢？

若想让工作和学习更有效率，我们最应该学会的就是管理自己的精力，而管理精力，首要的便是学会如何休息。

一份好的自律计划，是应该将休息纳入其中的。就拿一天八小时工作来说，我们需要将休息、喝水、走动、伸展运动等穿插其中，且每个活动的时间应当在5分钟左右，如果太过劳累，还可以适当进行延长。

总之，自律是需要劳逸并举的。如果将二者撕裂，只注重工作而忽略休息，即便我们能坚持下来也不能称之为自律，而且长期工作反而会得不偿失。

　　我们自律是为了走得更长远，可只有坐下来休息时，才会发现自己其实很疲惫了。而坐下来休息后，我们才能有精力走更远的路。所以，朋友们，在我们尝试改变自己时一定要注意，千万不要让我们渴望的自律变成自虐。

光鲜亮丽的朋友圈，不会带给你精致生活

卓悦好像在朋友圈里工作一样，每天都要固定发那么三五条朋友圈。有时是自己做好的菜，有时是收到的鲜花和酒，有时是最近在看的书，就连路上的流浪猫、流浪狗，都是她"发圈"的内容。

不过，卓悦的朋友圈跟其他人也不一样。她营造的基调就是"美好的生活"，所以，每张照片都是她精修过很多次的。这样的卓悦，很容易受到人们的青睐。毕竟大家都喜欢热爱生活、充满正能量的人，人们也都愿意靠近这种"高级感"的女性。

可是，只有卓悦自己知道，她的生活简直是一团糟。

她目前是失业状态，每天除了吃喝就是睡觉，不规律的作息让她身材走样，皮肤也逐渐开始暗沉。她每天都要发朋友圈，不然就会因为空虚的生活而焦虑万分。可是，被"点赞"和"评论"捧上云端的卓悦，在夜深人静时，又会陷入更深的焦虑中。

不知从何时起，朋友圈成了我们排解愁闷的重要渠道。

在朋友圈中，我们可以尽情打造自己的人设，假装活成自己期望的样子。可是，朋友圈终究是虚拟的平台，它无法满足你对精致生活的向往。如果现实中我们不能付出相应的努力，那结果只能是镜花水月，如梦一场。

有人一边大吃大嚼一边在朋友圈晒"不瘦十斤，不换头像"，有人在健身房里默默地挥汗如雨；有人在朋友圈"打卡背单词第 N 天"，随后把单词卡扔下去刷剧，有人已经从首字母 A 背到了首字母 G；有些人每年都在打卡，到年尾却销声匿迹，有人在朋友圈里沉默了一年，却在年尾发了某合格证书的照片。

真正自律的人，不靠朋友圈依然能过精致的生活，而将大把时间浪费在朋友圈的"高端人士"，现实中大部分是"不懂自律，只能焦虑"的普通人。

是啊，你不肯改变自己，只会用虚荣包装自己，生活又凭什么专门优待你？

人生的问题有很多，但核心都能归结到自律上。最好的生活状态，无疑是自律的生活状态。因为自律的人能更好地掌控生活，也能更好地掌控工作，也正是这样的人，才能获得生理与心理上的自由。

自律应该如何开启呢？答案就是抓住"关键的 20 秒"。

相信大家都有这样的经历——打算减肥，先屯一堆"代餐"；打算健身，先买一套装备；打算学习，先把桌子收拾完……这种仪式感看似是自律的良好开端，但其实白白浪费了自律的"关键 20 秒"。

所谓自律的"关键 20 秒"，就是在决定成为一个健康 / 优秀 / 上进的人时，立刻做出相应的举动。这是由美国心理学家肖恩提出的方案，在肖恩看来，人的意志力是一个极其有限的资源，我们用得越多，意志力消耗得就越厉害。

比如减肥，当你决定通过减肥的方式成为一个苗条的人，那你第一反应应该是下楼散步、跳绳、跑步或在家里做一组瑜伽，而不是躺在床上打开淘宝看代餐、健身器材等，然后一边吃东西一边想：等货到了再开始减。如果你把最初的热情都放在这些"仪式感"上，那等货到了，你的热情也冷却了，除了一堆你碰都不会碰的代餐外，你什么都得不到。

肖恩曾在自己身上做过一个实验，那就是在 21 天内养成每天弹吉他的习惯。当然，他失败了，他自己总结出了失败的原因，那就是前面提到的"关键 20 秒"。

肖恩的吉他放在壁橱里，壁橱离自己很近，从壁橱取出吉他只要 20 秒钟，这 20 秒却成为肖恩弹吉他的主要障碍——当他取出吉他后，能很快投入到练习状态，他却一直拖延，不愿用这 20 秒去壁橱将吉他取出来。后来，他将吉他取出，放在触手可及的架子上，他弹吉他的习惯也就养成了。

所以，决定自律却意志力薄弱的朋友，不妨利用"关键 20 秒"的方法。

就拿想健身的朋友来说，与其第二天一早花时间去穿运动服、找运动鞋，倒不如提前将运动服找出来放在床边，将运动鞋放在床下。没有睡眠要求的人还可以穿着运动服睡觉，这样一来，我们一下床就做好了出去跑步的准备，也就没有需要拖延的借口了。

亚里士多德曾说过："优秀的人不是光有优秀的想法或感觉，而是必须要优秀地行动起来才行。"肖恩提议的"关键 20 秒"，就是促成我们优秀行动的开端。

杨绛先生就在其《百岁感言》中写道："人寿几何，顽铁能炼成的精金，能有多少？但不同程度的锻炼，必有不同程度的成绩；不同程度的纵欲放肆，必积下不同程度的顽劣。"

可见，我们自律不是为了给谁看，也不是为了什么虚假的东西，而是为了一个心理学上的名词——慎独。所谓"慎独"，就是在独处时，在没人监督的情况下，仍然能凭借高度自觉做不违背原则的事。而高级的自律就是能做到慎独。

在朋友圈里过精致生活，靠麻痹自我去营造一个光鲜亮丽的人设，然后被打回原形；在现实生活中努力自律，靠自己打拼出一个长久的天地。

聪明如你，会选择哪一个？

护肤还是玩手机？自律还是放纵？

　　"这女人就是不能生孩子，"如兰捏着腰上的一圈赘肉说道，"之前还幻想成为辣妈，可生完才知道，喂奶、哄觉、换尿布……这些都是能折腾死人的。"

　　"是呀，"另一个宝妈珊珊说道，"一开始我也想过健身、护肤，可哄孩子哄了一宿，早上哪还起得来啊。"

　　何方叹了口气，说："没生孩子前，谁不是青春靓丽呢？可生完孩子，口臭也来了，水桶腰也来了，脸上还长了一堆斑。别说我老公了，我自己都不想看到镜子里的自己。"

　　如兰摆了摆手，说："得了吧，美是别人的，舒服可是自己的。要臭美，等孩子上幼儿园了再说吧！"

　　像如兰等宝妈，总会抱怨自己变丑是因为生了孩子。可事实上，即便她们不生孩子，也会比同龄人更加显老。为什么？因为比起自律，她们更倾向于放纵。

　　年轻时，她们因为年龄优势，并不存在什么肌肤问题。可过了25岁，各种各样的皮肤问题便会接踵而来。

孩子出生时，她们想着"等孩子3岁，上了幼儿园，我就有时间护肤、健身了"；等孩子上了幼儿园，她们则想着"等孩子6岁，上了小学，我就有时间护肤、健身了"；等孩子上了小学，她们则想着"等孩子12岁，上了初中，我就有时间护肤、健身了"……就这样等啊等啊，一直等到岁月蹉跎，她们也不会付诸实践去做护肤、健身的。

孩子成了她们放纵的最好借口，久而久之，连她们自己都相信，"我是为了孩子、为了这个家才变成'黄脸婆'的"。

事实上，她们只需睡前和出门前做十分钟护肤，每天只需少吃一点、多运动一些，就能保持辣妈身材。可比起花时间护肤，她们更愿意抱着手机，躺在床上刷短视频，这就不能把"没时间"赖在孩子头上了，只能说，还是她们自身不够自律。

当然，带孩子确实是件辛苦的事。有些女性对自己的外貌、身材没什么要求，她们在闲暇之余刷刷手机也不算痛苦。真正痛苦的是那些一边大吃大喝玩手机，一边又渴望自己变成辣妈的宝妈。而她们，也是最需要通过自律来改变自己的群体。

护肤，还是玩手机？在这些小小的生活细节中，包含了我们对人生的选择——自律，还是放纵。在劳累一天后，谁不想立刻倒头大睡，享受当下放纵所带来的短暂快感呢？自律的人，却能习惯性地护肤 10 分钟，然后再享受睡眠的喜悦。

我们很少能意识到，真正让我们感到快乐的其实是自律。

当你做完一组拉伸、做完一次护肤、做完一次健身后，你的心情一定是喜悦的。即便这个过程可能会让你感到痛苦，但当你完成目标后，你的心情一定是快乐的。当你因逃避而没有达成目标时，就会发现短暂的快乐并不能弥补内心的空虚，反而会因为没有努力而产生焦虑感。

德国古典哲学家伊曼努尔·康德曾说："自律即自由。"正如康德所说，自律能让人们实现真正的自由，这种自由包括精神及物质两方面的自由。而且，自律的源头一定是冷静，是认真反思自己需要的东西和欠缺的东西，然后决定通过自律的方式改变自己。

很多人看到漂亮衣服就会脑子一热——我要减肥！可过不了多久，他们也会因为一块看上去美味的蛋糕头脑发热，然后将减肥抛诸脑后。很多人因为一时冲动而自律，可过分压制欲望，最后只会让欲望变本加厉地反扑，逼理智"缴械投降"。

"我决定1个月瘦60斤，年前减到140斤，然后去旅游。"如兰在宝妈群里发誓道。

其他宝妈纷纷劝她。

"别冲动，要冷静做决定。"一位宝妈劝道。

"我很冷静，减肥这事我已经想很久了。"如兰回复道。

"瘦太快对身体不好。"另一位宝妈劝道。

"肥胖岂不是对身体更不好？"如兰回复道。

就这样，如兰用自己的一套"道理"把群里劝她的宝妈们"怼"了个遍。终于，大家都不说话了，纷纷给如兰送上了"大拇指"，祝她成功。

三天后，如兰在群里分享了自己做蛋糕的照片，蛋糕上有一层厚厚的奶油，还有很多巧克力、棉花糖之类的装饰。一位宝妈忍不住发了个"打脸"的表情包，谁知如兰却毫不在意地又发表了自己的见解——"我都是当妈的人了，减那么瘦给谁看哪"。

从此，宝妈群里再没人劝如兰自律了。

当你决定用 1 年时间瘦 20 斤时，你可能会自律；但当你决定用 1 周时间瘦 40 斤时，你肯定不会自律——不如说，就算你坚持下来，你所谓的自律也只是伪自律。想要短期达到某个需要长期付出才能获得的目标时——比如短期瘦很多公斤——那你只能做体重的赌徒，而且大概率你会赌输。

自律原本就是从一件件小事做起，你需要为自己营造一个长期稳定的环境，而不是光靠一腔热血去假装自律。

当你想工作时，就把桌子上没用的东西收起来；当你想减肥时，就立刻站起来去做一组健身操；当你想学某项技能时，就立刻搜索相关的课程去学。

自律很简单，大部分能坚持下去的人，都是在不知不觉间变得自律的。而那些习惯在开始自律前搞些"仪式感"的，大部分都失败了。

很多人都说，自律很累，可是放纵反而会让人更疲惫。那么，在放纵与自律之间摇摆不定时，我们要如何让天平倒向自律的一边呢？

（1）制定做事的优先顺序

就拿减肥来说，当你制订减脂餐计划时，偶尔会出现"公司聚餐""老同学聚会"等外餐与减脂餐碰撞的局面。这时，你需要做一个决定——是突如其来的聚餐重要，还是坚持减脂餐重要。如果是坚持减脂餐重要，那就把外餐推掉；如果是外餐重要，那可以少吃一些，并且在回来的路上，用跑步、走路等方式来代替坐车。

（2）把自律的生活方式当作目标

自律并不是偶尔为之，它需要成为你的生活方式。所以，我们必须给自律设置长期目标。还是拿减肥举例，长期健康饮食加适当运动，这叫自律。"周瘦10斤""月瘦20斤""两个月瘦50斤"……这些都只能叫自虐。

（3）向你的借口发起挑战

"我都上了一整天班了，今晚不运动了，吃顿大餐补偿自己。"

"我都学习一整天了，今晚不复习了，晚上去打游戏。"

"今天是中秋节，如果用来锻炼就太可怜了，不如去逛逛街。"

……

停！这些都是你不自律的借口，为了完成自律，你必须学会向借口发起挑战。就像法国古典文学作家弗朗哥说的那样："我们犯的大部分错误，都比用来掩饰它的方法更值得原谅。"当你否定借口，坚持下去后，就会发现自律才是真的让人自由的行为。

俄国作家陀思妥耶夫斯基曾说："如若你想征服全世界，你就得征服自己。"当你在放纵和自律之间选择了自律后，就会发现，你已经离那个优秀的自己非常近了。

第二章

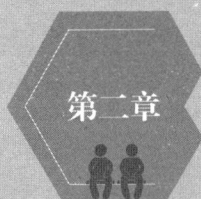

不自律是人性弱点，
自律才能获得自由

把邋遢当潇洒，只是你不自律的借口

"结婚四年，我都快不认识我老公了。"赵依琪一边翻着婚纱照，一边跟闺蜜抱怨道，赵依琪的闺蜜则深表赞同地点了点头。

赵依琪和她老公王伟是大学同学，大学期间，赵依琪是大家公认的校花，能配上校花级别的男人，自然就是玉树临风的校草了。

那时候，王伟一米八六的身高，体重却只有150斤，他是校篮球队队长，真正是"穿衣显瘦，脱衣有肉"。更重要的是，他有一双又大又亮的眼睛，一下子就把赵依琪俘获了。毕业后，二人结了婚，成为被人羡慕的一对。

谁知，婚后王伟慢慢发福起来。虽然还能依稀看出当年的清秀，但绝对不能说帅气了。王伟那修长瘦削的脖子变得又粗又短，双肩也宽阔了不少。最让人惋惜的是，王伟曾经又大又明亮的眼睛，被脸上的赘肉挤小了很多，整个人的气质也油腻起来。

赵依琪和闺蜜同时叹了口气："唉，岁月是把杀猪刀啊。"

虽然人们常把"岁月是把杀猪刀"挂在嘴边，但还有另一句话他们忽略了，那就是"岁月不败美人"。就拿演员闫妮来说，岁月在她身上非但没留下痕迹，反而让她变得越来越有气质，越来越有韵味了。

有人戏称："娱乐圈男明星，到最后都会变成赵本山，女明星则都会变成蔡明。"可刘德华、周润发、周星驰、林志玲、林青霞、赵雅芝……他们都用自己的方式优雅地接受岁月的洗礼。时间是公平的，他们却能"越来越年轻"。

很多人喜欢用"老了"来为肌肤暗沉、身材发福开脱，可"老了"不一定发胖，年轻人的皮肤也不一定就好。所以，我们的身体状态，还是要看生活要求和标准，是不是毫无节制的放松。

就拿运动来说吧。不懂得自律的人，春天会用"倒春寒"等借口逃避运动，夏天会用"太热"等借口逃避运动，秋天会用"秋乏"等借口逃避运动，冬天会用"太冷了"等借口逃避运动。总之，他们每天都能找到上百条不运动的借口。可自律的人不会认为四季对运动有什么影响，就连雨雪天气，也可以将室外跑换成室内健身操。这就是自律的人与不自律的人，在身材方面相差甚大的区别。

不懂得自律，却渴望拥有好身材的人，会因为穿不上漂亮裙子、被女神嫌弃等感到焦虑，焦虑后，他们会选择大吃特吃或睡一觉等方式"弥补自己的心灵创伤"。大吃大睡后，他们的身材会变得更加不好，于是，他们就陷入了更深的焦虑中……

大部分进行减肥的人，都无法长期保持稳定的体重。他们的体重起起伏伏，甚至还会出现"恶性循环（快速反弹）"的情况。

年轻人的新陈代谢比较快，即便吃胖了，一咬牙饿上十天半个月的，体重也能"嗖嗖"地降下来。可大部分人一过 30 岁，就会发现自己即便饿得头晕眼花，体重也基本是纹丝不动的。于是，这些人开始自暴自弃，逢人便说自己"老了"。

二十几岁时，饶芬是圈里公认的美人。她经常在朋友圈发些健身的自拍或者精致的沙拉。但是没人知道，私下里的饶芬根本没做过运动，也基本不吃沙拉。她最喜欢的搭配是泡面、薯片、炸鸡和可乐。饶芬是易瘦体质，即便头一天大吃大喝一顿，第二天依旧不会长胖。仗着自己的体质，饶芬有恃无恐地过了几年"好日子"。

结婚生子后，饶芬的体重从 90 斤直线涨到 130 斤。看着自己腰上的"游泳圈"，饶芬简直要抓狂。她立刻为自己订下了"30 天瘦 40 斤"的减肥计划。可是，放纵惯了的她又怎能突然一下变得自律？

闭口绝食—暴饮暴食—闭口绝食—暴饮暴食—闭口绝食—暴饮暴食……在这样的循环中，饶芬不但没瘦下去，她的体重反而升到了 160 斤，变成了一个圆滚滚的小胖子。终于，饶芬放弃了，她根本割舍不掉泡面、薯片、可乐、炸鸡……

友人们纷纷为她惋惜，饶芬则一脸无辜地说道："人上了年纪都这样，喝凉水都长胖。"

人们纷纷点头，是啊，曾经在健身房挥汗如雨，每天吃减脂沙拉的女神，都没能逃过"杀猪刀"的摧残，何况是他们这些"凡人"？反正把时间浪费在健身房和健康餐上也没有"回报"，那为何不让自己的人生过得"潇（邋）洒（遢）"点呢？

很多人都说："上了岁数，去健身房也没用，就算你挥汗如雨也不会瘦下来。"可说这种话的人，真的每天都去健身房运动了吗？即便他们每天都在健身房"打卡"，也不会真的按计划运动吧。可是，这种看上去漏洞百出的话，有大把的追捧者愿意相信。为什么？因为人性总倾向于更容易完成的事情。

可是，一个连自己身材都无法管理好的人，真的能够管理好自己的人生吗？现在很多私立学校招生，都会将"父母身材"看作考察的一项。因为很多私立学校认为，身材从一定程度上是能够证明一个人受教育程度与财富累积的。

我们一起来看看身材自律能为我们带来什么，或者说，我们值不值得花时间在长期的身材管理上。

（1）身材自律能让我们更健康

不同于唐朝的"以胖为美"和前段时间的"纸片人"，真正的身材自律，是让身体达到标准体重和体型范围。用身体质量指数（BMI）来说，标准身材的数值范围是18.5~24；用腰臀比（WHR）来说，男性的腰臀比正常范围是0.85~0.95，女性的腰臀比正常范围则是0.67~0.85。顺便提一下——大部分女明星的腰臀比都是0.7。

所以，实施身材自律的朋友们，不妨将目光从体重上移开，转而"进攻"身体质量指数和腰臀比范围，这样更能减轻脂肪带给人体器官的负担，也能帮助身体正常、健康地运转。

（2）身材自律能让我们的精力更加充沛

不知大家注意过没有，那些身材过于瘦弱的人，其免疫力也会很低；而那些身材过于肥胖的人，除了免疫力下降外还特别容易打瞌睡。所以，一些高负荷的公司——如金融公司和互联网公司——都会将"身材标准"放在招聘条件中。身材无法自律的人，真的无法跟上这些行业的快节奏，所以，为了我们的精力更加充沛，大家也要注意身材方面的管理。

（3）身材自律能让我们更加自信

很多人都会幻想自己的身材。男人会幻想自己拥有健硕的身材，有六块腹肌，"穿衣显瘦，脱衣有肉"；女人会幻想自己的"S"形曲线，有修长的双腿，"婀娜多姿，前凸后翘"。为什么我们会经常幻想自己的身材？因为我们知道，这样的身材能让我们更加自信。

朋友们，相信大家对"自己值不值得身材自律"都有了答案。自律地工作，自律地运动，自律地学习，自律地饮食，这样我们才能自信地生活。

当我们足够自律，那我们就不必因为年轻的面庞而沾沾自喜，也不必为了皱纹和发福惶恐不安。因为我们知道，保持最好的状态，就能迎接最优秀的自己。

不惧老去，时刻努力，你值得更好。

侥幸：临阵磨枪不快也不光

"小赵，你怎么还吃泡面啊，下周要体检，我看你要超标喽。"同事陈星笑着打趣赵光。

可赵光一脸烦躁地说道："别提了，咱们公司可真奇葩，体重超标还要扣钱。"

陈星说道："也不能这么说，公司也是为了咱们的健康着想嘛。"

赵光撇了撇嘴没说话。

其实，赵光有自己的打算。他的新陈代谢一向很好，根据以往经验，只要一周不吃晚饭，他就能瘦下去七八斤，应付体检肯定没问题，毕竟之前也是这么应付过来的。

很快就到了体检的日子，为了让体重更"标准"，赵光特意绝食了一天，只靠矿泉水来果腹。由于赵光所在的公司很大，排到他们部门时，已经是上午十点多了。

"咕——"赵光的肚子发出了悲鸣，他也变得头晕眼花，喘不上气。

怎么回事？之前没遇到过这种情况啊。赵光一边想，一边直直地向后倒去。身后的陈星赶紧扶住他，同时大声喊着：
"医生。"

醒来后，部门主管一脸严肃地看着赵光："你醒了？事情我都听陈星说了，你这是低血糖，对身体危害很大的！我是真没想到，为了应付体检，为了少扣点儿钱，你竟然做出这么不爱惜身体的行为，你自己说说，公司怎么放心把项目交给你？"

听着部门主管连珠炮似的批评，赵光羞愧地低下了头。

生活中，不懂自律的人常常会在"临阵磨枪不快也光"的心理下，驱使自己做出不自知也不自爱的行为。他们平时放纵自己的欲望，不懂得凡事适可而止。尤其在饮食、运动和玩乐方面，他们更是不懂得节制。

虽然说，每个人在性格和处事方式上有差别，但不懂得自律的人，从根本上来说都是一样的。他们喜欢抱着侥幸的心理，来对抗因为不自律而可能出现的后果。

"就吃一顿，不会胖。"

"少跑一天，没事。"

"再玩两个小时，早上晚起一会儿就行。"

……

这些侥幸心理会让人们的自律意识越来越薄弱，也会让人们的生活越来越萎靡。能够做到自律的人，通常做什么事都喜欢脚踏实地，在制定某份计划时，他们会先排除各种破坏计划的可能性因素。而不自律的人，他们做什么事都喜欢投机取巧，最喜欢做"一夜暴富""一夜暴瘦"的梦，他们在制订计划时，都会对各种破坏计划的可能性因素充耳不闻。

可是，人生路漫漫，哪有那么多捷径好走呢？如果只会耍小聪明，那最后的结果只能是"聪明反被聪明误"。

就拿开车这件事来说吧，每个司机都知道"开车不喝酒，喝酒不开车"，可总有些不自律的司机，会抱着侥幸心理——"哪那么巧，就能碰上查酒驾的？""我喝酒海量，开车没问题。""就算碰着人了，还有'保险'呢，没事。"可是，往往就是司机的这种侥幸心理，会给自己和他人酿下大祸。

有些司机被抓到酒驾了，当时也确实后悔了。可是，等下一次有"酒局"时，他们还是会抱着侥幸心理，告诉自己"就这一次，保证下次不再犯了"。这次推下次，下次又推下下次，不自律的人总是这么"侥幸"，最后只能自食恶果。

对自律来说，侥幸心理非常不可取，只要心存侥幸就会放松对自己的严格要求，也会放弃对自我的管理。这种不讲原则、没有分寸的自我欺骗行为，也一定会让我们自己吃大亏。

成家立业后，李良栋就爱上了边走路边打游戏——上班憋得够呛，下班又要回家看孩子、做家务、洗碗，可是要戒掉手游吧，李良栋自问做不到，所以，他就将目光放在了上下班通勤时间上。

最开始，李良栋也知道一边玩手机一边走路的行为很危险，但"走路玩手机掉进下水道""走路玩手机被车撞"，这样的概率又能有多少呢？再说，自己也不是一直盯着手机看，像过马路、机动车多的时候，自己就是肯定不玩手机的呀。

在这样的想法下，李良栋爱上了"边走路边打游戏"。而且，一次两次的侥幸"成功"，让李良栋的胆子越来越大。终于，他在某天下班路上，被一个逆行的外卖员撞了个跟头，手机四分五裂不说，脑袋也被撞出个大包。

等李良栋清醒过来，大街上哪还有外卖员的影子，早就跑了！在周围人的目光下，李良栋站了起来——这回可长记性了！侥幸心理，真的会酿成大祸！

人们都知道走路不要看手机，可走在大街上，还是有不少人捧着手机边走边玩；人们都知道"红灯停、绿灯行"，可红灯亮起时，还是有很多人不遵守交通规则，横冲直撞。这些人都是抱着侥幸心理行动的，可侥幸心理，往往是要付出代价的。

增强自律精神，这是消除侥幸心理最直接的方法。所谓自律，就是一种自我约束、自我管理，它不依靠外来力量的督促，只是遵从本心与习惯来遵守底线。从表面看来，自律的人似乎不自由，似乎活得很累，但事实上，只有自律的人才拥有真的自由，才能没有后顾之忧。

侥幸心理和贪图享受的欲望是自律的大敌，它们不断给自律找麻烦，试图让自律消失。从人类本能角度看，侥幸心理和贪图享受比自律更容易被接受。"图省事"是人类的天性，面对某件事物时，虽然人们明知道"管住自己"才是应该做的事，但在天性面前，大部分人还是会下意识地产生侥幸心理和贪图享受的欲望。

每个人都有自己的欲望，有人追求金钱，有人追求名利。有欲望本身无可厚非，也能成为人们向前迈进的力量源泉。可是，如果为了贪图享受或图省事破坏自律，那反而会让自己惹上麻烦。

因侥幸心理而中断自律的行为背后，还有一个潜意识方面的原因，那就是——高估自己。当我们高估自己时，侥幸心理也就生成了。我们会忘记警示，也会忘记自己的初衷。我们将自己的未来寄托在运气上，其结果只能是挥霍我们的人生。

侥幸是弱者的代名词，自律是强者的护身符。克服侥幸心理和贪图享受的欲望，我们的人生才能更加自由。

上瘾：奶茶是续命神器，别想劝我戒掉它

"跟个风，我也想要秋天的第一杯奶茶。"入秋后，晒奶茶、晒红包的朋友圈如雨后春笋冒了出来。人们一边喝着奶茶，一边美滋滋地拍了几十张照片，然后选出几张美颜、滤镜加文案，大功告成！

"喂，喝奶茶不健康吧？"一位女生劝好友道。好友则满不在乎地说道："是奶不健康，还是茶不健康？奶跟茶放在一起，怎么就不健康了呢？"

女生想了想说道："奶茶里糖分太高了。"好友则摇头晃脑道："生活这么苦，还不许我喝点甜的？奶茶是续命神器，别想劝我戒掉它！"

2016 年，茶类饮料成为美国、日本最主要的饮品，其销售总量也超过碳酸饮料成为销冠品类。这里的茶类饮料指的并不只是茶水，它还包括风靡全球的一个大类——奶茶。

奶茶起源于 17 世纪英国贵族的下午茶活动。17 世纪英国和荷兰先后建立了东印度公司，根据史料记载和推断，奶茶就是在那个时候从

印度传入欧洲的。英剧中所看到的奶茶，就是从 17 世纪开始走入贵族生活中的。

最初，人们喝奶茶是为了炫富。随着奶茶的口味越来越好，随着奶茶的品种——丝袜奶茶、波霸奶茶、珍珠奶茶、泰式奶茶等的不断增加，人们又将奶茶与享乐画上了等号。

在喜爱奶茶的人们眼中，奶茶不仅是一种享乐、一种美味，它更是一种时尚、一种舒适，是精致人生的代名词。有这许多标签的加成，也难怪人们对奶茶上瘾了。

瘾，一个看似贬义的字，其实却是个中性字。"手机上瘾""游戏上瘾"是毫无疑问的贬义词，可"自律上瘾"是褒义词。

自律分为三个阶段——前期兴奋，中期痛苦，后期享受。后期的享受，一定是建立在自律达成后，那种精力旺盛、头脑清晰的基础上的。而且，奶茶带给人们的"享乐"，虽然与自律带给人们的"享受"只差一个字，但二者的意义截然不同。

很多人不相信自律也会上瘾，但其实，真正让人上瘾的不是自律，而是自律带来的状态。就像电影《永无止境》的主人公艾迪，他因为一种名叫"NZT"的药丸斩断拖延，学习和工作的效率也大大提升。他从一个拖稿成性的萎靡作者，变成了一个状态极佳的"开挂者"，但是这个名叫"NZT"的药丸让他上了瘾……

现实生活中，我们并没有"NZT"药丸，但是有低成本、高安全的开挂方法，那就是自律。而且，就如同电影中的艾迪一样，他不是对药物本身上瘾，而是对药物带给他的效果上了瘾。他爱上了自己开挂的状态，所以不愿意回到浑浑噩噩的过去。这种成瘾原因，就是人们从自律中获得了甜头，如果再让他们回到浑浑噩噩的过去，他们肯定会不适应。

何况，不自律的人只懂得享乐，他们根本不懂自律才是真正的快乐。

大学四年，赵广川把自己的游戏段位打到了最高，网络里，他是人人敬仰的"游戏大神"，是受人尊敬的"肝帝"。可现实中，他连英语四级都没考过，刚一"毕业"，他就立马"失业"了。

所以赵广川并不快乐，因为他渴望过四级，渴望当一个学霸，渴望在现实世界中也被人敬仰，但他根本没办法控制自己。一到宿舍，大脑告诉他该学英语了，他却一气呵成地打开电脑、挂上游戏。校招时，大脑告诉他该做简历了，可他还是条件反射地打开微信，招呼"有没有来一盘游戏的"。

就这样，22岁、23岁、24岁、25岁……年龄越来越大的赵广川，心情也变得越来越拧巴。吃饭问题已经严重影响了他的游戏体验，他买不起高端设备，甚至连十块钱的网费也充不起。

尤其到了二十八九岁时，赵广川已经没脸再伸手跟家里要钱花。可赵广川别的本事没有，心气儿却高。他总想着：自己是个大学生啊，去送外卖、做保安，多没面子啊。

终于，年轻时所谓的享乐，让三十岁的赵广川彻底绝望了。

自律的人与不自律的人，其快乐的状态也是大不相同的。尤其是那些渴望自律却管不住自己的人，他们一边打游戏、刷短视频成瘾，一边却又讨厌事后的空虚感。管不住自己，是他们内心深处最刺痛的无力感。

　　蔡康永曾就"享乐"与"享受"做过区别，他认为，"享乐"与"享受"是完全不一样的事情。很多人所谓的享乐并不是快乐，而且，如果一个人只懂享乐，那他的人生也会相对辛苦一些。

　　享受是一种更高的境界，人们可以因为舒适的事情享受，可以因为克服困难享受，也可以因为失去之后失而复得而享受。他的人生是充满各种可能性的——他不会因为短暂的享乐而空虚，相反，他会因为享受而收获颇丰。

　　由此看来，不自律的上瘾是属于"享乐"阵营的，他们只能获得短暂的快乐，快乐过后，他们会陷入无尽的空虚和纠结；自律的上瘾，是属于"享受"阵营的，他们享受自律带来的美好成果，也始终乐在其中。

　　有些人口味重，日常饮食也是重油重盐、无辣不欢，似乎只有这些才能唤醒味蕾。可常伴随他们的是火气旺盛、内分泌失调、扁桃体肿大、口腔溃疡等健康问题；当他们注意饮食健康并长期自律后，身体给他们带来的惊喜变化会让他们继续坚持，而且，他们也会发现食物本真的味道原来也这么美味。

　　有些人觉得跑步很辛苦，下班回家只想躺在床上玩玩手机、刷刷视频。当有人问"你为什么不锻炼"时，他们总会说"工作太累""没有时间"。可日本著名作家村上春树从 33 岁开始跑步，而且每天都要跑 10 公里，所以"工作太累""没有时间"的借口，也就只能哄骗自己罢了。

　　其实，自律与意志力并无太大关联。就拿跑步这件事来说，自律者的跑步并非痛苦，他们只是享受跑步的过程，是真的认为跑步能带给自己快乐。有些人"9 点入睡，6 点起床，坚持了 20 年"，很多人问：

"你这么折腾自己不累吗？"可这是他们的生物钟，是一件自然而然的事情，如果强制让他们晚睡晚起，他们反而会头昏脑涨，浑身不适。

事实就是这样，别人认为你的自律是"自虐"，可实际上，你只是在"自嗨"。若不是真的享受过程，是不可能数十年如一日坚持的。

正如 M.斯科特·派克在《少有人走的路》中说的："自律，就是一种自我完善的过程，其中必然经历放弃的痛苦，但是旧的事物消失，新的事物才会诞生。"

所以，给自己一个对自律上瘾的机会吧，在享受的过程中，你的人生也会逐渐开挂。

拖延：对不起，我又迟到了

"哎呀我已经出门了，别催了。"林北一边刮胡子一边对着电话解释。电话那头是林北的女朋友，她已经等了一个半小时，可林北还没从宿舍出来。

"昨天说好了九点出发，这都十点半了，你一个大男人怎么这么磨蹭啊，"林北的女朋友火冒三丈地说道，"我看你根本不想去看电影，算了吧！我回去了，你别出来了！"

"别生气啊，我真的已经出门了，一分钟，再等我一分钟。"说完，林北立刻打开莲蓬头，冲水、涂洗发膏，冲水……然后又刷了个牙，穿好衣服，换好鞋。等下楼的时候，女朋友已经在寒风中冻得瑟瑟发抖。林北心虚地看了看表：11点28分。

电影是11点20的，肯定来不及了。林北的女朋友额头上的青筋暴起，似乎想大骂男友一通。半晌，她深深吐了口气，难掩失望地说道："算了，分手吧，真没意思。"

林北赶紧拦住她："就因为误了一场电影，你就跟我分手？"

女朋友大力甩开林北："你自己想想！哪次不是我等你两个多小时？哪有男人让自己女朋友站在宿舍楼下等这么久的？作为一个男人，你怎么一点儿时间观念都没有？每次都这样，每次都这样！我在你身上根本看不到未来！"

"我知道我拖延，我跟你道歉，我也想改，我也有努力，求你不要跟我分手好吗？"林北赶紧拉住女朋友的手，痛苦而真诚地说道。

谁知，林北女朋友黑着脸说道："算了，你这话我已经听腻了。你上次、上上次、去年、前年都是这么说的。我就是太傻了，相信你的鬼话，相信你会改，结果呢？你用自己的行动，证明了你根本不值得被信任！你立马给我放手，不然我就报警了！"

其实，林北也能意识到自己的拖延问题，也想改掉拖延，过一种更加自律、更加积极向上的生活。可是，他就是控制不住自己。很多人都有这样的问题——他们无法长期自律，只能做到"间歇性踌躇满志"。

比如走在大街上，突然看到一个前凸后翘的美女——她长相一般，身材却火辣到爆。这时，你立刻扔掉手中吃了一半的汉堡，励志要减肥。可是，这股"雄心壮志"还未坚持到傍晚，你就被火锅的香气吸引到店里，而后大快朵颐了一番。

再比如，你两年未见的大学同学突然发了条买房的朋友圈，你知道，你们俩的家庭条件差不多，学历能力也差不多，而且他完全是靠自己的努力买的房。这时，你就会立刻发条朋友圈："要努力了！"

然后你就真的打开工作资料努力起来。可十分钟后，你就被一条弹窗吸引，然后陷入到"痛并快乐着的磨洋工阶段"。

这些都是"间歇性踌躇满志"的典型例子。至于为什么会出现这种情况，从自律的角度看，是因为如下几个方面。

（1）特别讨厌这方面的事

拿减肥来说。很多人减肥不成功，都是因为吃得多、运动少。可对他们来说，不让他们吃东西是件很痛苦的事，让他们到健身房挥汗如雨也是件很痛苦的事。

渐渐地，他们心中的自律公式就变成了——吃是幸福的，不吃是痛苦的，减肥就是不吃，所以减肥等于痛苦。

事实上，他们完全可以转变自己的思想，把自律过渡到喜欢的事情上。比如对待"吃"这件事，我们不要想着"今天只能吃一碗饭（平时吃三碗）"，而是要试着想"这碗饭什么时候吃，配什么吃"。这样的思维转换，能帮助他们养成长期自律的习惯。

（2）总想太多未来的事情

拿健身来说，很多身材不好的人，都会有这样的幻想——通过健身成为肌肉达人，走在路上吸引男男女女的目光，女神也对自己表达了爱慕，最后被星探发掘，走上人生巅峰……其实，这种幻想反而会给人产生一种"我已经成功"的错觉，我们幻想得越详细就越容易沾沾自喜，后面的努力也会大打折扣。屡败屡挫还会让我们产生"无法成功"的焦虑。所以，我们在自律之前不要想太多，水到渠成是最好的方式。

（3）给一件客观的事施加了太多主观情绪与感受

很多人会将这点和第一点搞混，其实这两点是完全不一样的概念。

还是拿减肥来说，蔬菜水果粥、炸鸡啤酒这两种组合，随便吃哪一套都能饱腹，可我们会赋予炸鸡啤酒更多的主观感受——"炸鸡啤酒让人更有满足感""炸鸡啤酒是奖励，蔬菜水果粥是惩罚""吃炸鸡喝啤酒是让人开心的，喝蔬菜水果粥是让人伤心的"。其实，这些属性和想法都是人们主观赋予食物的，如果不将情绪与感受强加在食物上，就会发现减肥也没有那么困难，而且蔬菜水果粥也别有一番风味。

分析了这么多，我们又该如何做到用自律告别拖延呢？

（1）给自己定个能看到进步的阶段性目标

没有目标就等于没有动力，有动力，就能更好地自律生活。就像考试，如果给自己定一个小目标，每天做什么、每周做什么、每个月做什么，那么，当目标达成时，我们就有种"闯关成功"的感受，这也能让我们有动力继续下去。

很多人喜欢设定一个宏伟的目标，比如一个月瘦 50 斤。这样一来，他们每天都要瘦 1.67 斤才能按时达成目标。前三天，这个数字似乎不难达到。可越往后，他们瘦得越慢。腹中的饥饿以及体重秤上高居不下的数字，让他们的情绪逐渐走向失控，最后只能是暴饮暴食，放弃减肥。其实，拖延和懒惰都不是问题，最让人惋惜的是——你明明很勤奋，结果却是瞎忙活。

（2）远离手机

手机是拖延症的根源。这句话虽然夸张，但我们不妨就这样相信。

因为对于大部分人来说，早上睁眼的第一件事就是关掉手机闹钟，顺便查看各种聊天软件、娱乐软件等。通勤、上班、午休、吃饭、下班、休息……能让我们24小时不离手的也就只有手机了。只要手机有电，哪怕没网，我们也能习惯性地摆弄半天。

我们不妨将手机锁在盒子里15分钟，然后试着用这15分钟去做别的事。一开始我们可能会很难熬，但到了10分钟左右时，我们就会发现没有手机好像也没那么重要。慢慢地，我们就会摆脱手机的诱惑，而拖延的一大敌人也就被我们击溃了。

（3）把重要的事情先做完

我们要有这样的心理暗示，那就是把最重要的事情先做完。要做到这点，我们就要将一阶段的事情罗列出来，然后按照"重要—不重要"的程度进行划分，并按顺序将事情完成。

对学生来说，他们可以按照"吃饭—写作业—检查—复习—预习—洗澡—玩游戏—看电视"的方式进行。对一名有健身计划的人，下班后，他们可以按照"吃减脂餐—热身—运动—娱乐"的步骤进行。这样就能避免出现"先躺一会儿再执行"的想法，因为"躺一会儿"并不在计划中。

（4）充分利用"琐碎时间"

刷牙、吃饭、逛街等都可以算作琐碎时间，因为我们能在这些时间里"一心二用"。比如有健身计划的人，可以在刷牙的时候做一组"肩胛回收运动"，也可以在吃饭的时候尝试"胸部上提运动"，更可以在逛街的时候做一组"菱形运动"等。养成这样的小习惯，我们就会在各种可以"一心二用"的场合进行小健身，这也能帮助我们养成习惯，继而告别拖延。

当我们真正决定战胜拖延，行动起来时，收获的喜悦就足以让人坚持下去。而坚持下去，就会获得一个崭新的人生。

固执：我是人间惆怅客，只和自己过不去

"绵绵，你这样减肥是很伤身体的。"妈妈担心地说道。

"啊呀，你别管了，这还不都怪你，我小时候给我吃那么多，害得我从小就是个胖子！"马绵绵冲妈妈吼道。

"可是，你这样不健康啊，你白天还要上班，一整天光靠喝水怎么行！"妈妈继续劝道。

"你别管我了。"马绵绵甩下一句话摔门而去。

到了班上，马绵绵已经饿得头晕眼花。同事大鹏笑着打趣道："仙女来了？今天又只喝露水呗？"马绵绵虚弱地笑了笑："等着吧，我非瘦成仙女不可。"

中午文员给大家订了排骨饭，满屋飘香，马绵绵已经饿了三四天，闻到排骨味，脑子只觉得嗡嗡直响。同事小赵看到马绵绵双眼放光，有些尴尬地说道："绵绵，要不要吃点？"

马绵绵吞了吞口水："行吧，给我来点儿，你说你，明知道我减肥，还非要诱惑我。"

小赵挠了挠头，给马绵绵拨了半碗饭和两块排骨，马绵绵顿时狼吞虎咽起来。很快，半份排骨饭就吃完了，马绵绵

只觉得不过瘾，又点了份炸鸡，点了把烧烤，来了瓶大可乐。咕噜咕噜吃下肚，马绵绵满足了。

同事们看着马绵绵摇了摇头：这姑娘认死理，谁也劝不动她，她这肥，恐怕这辈子都减不下去了。

很多人都喜欢"认死理"，比如坚信吃某某中药可以减肥，且谁劝都不听，非要等到吃出问题，才意识到这个东西是真的不行。当然，他们也只认为是东西不行，却完全不觉得自己"认死理"。这种固执的行为会让他们吃尽苦头而不自知，最后只会感叹一句："我的人生怎么这么艰难！"

其实，固执的程度是随着知识水平的提高而改变的。一个人的认知水平越高，他看待问题的思路就越多元化，对世界万物的包容能力也就越强。相反，一个人的认知水平越低，其想法就会越单一，他们就会听不进别人的意见。这也就正好能解释，为什么越厉害的人往往越谦和，而越无知的人越固执了。

"越自律越自由"，自律是能够让人跳脱固执的良方。很多人认为，自律是一件让人讨厌的事，因为自律就意味着没有自由。其实，这就是一种坚持己见的固执。在他们心里早已将"自律"与"不自由"画上了等号，而且坚信这就是事实，所以后面的人说什么都没用。我们内心对自律的成见，就是造成自律失败的罪魁祸首之一。

曾经有作家将不自律的人比作"情绪、欲望和感情的奴隶"，因为从长远来看，不自律的人最终会败给情绪、欲望和感情，这也会让自己的人生走向失败。所以，自律原本就是帮助我们更加自由的，它不是让我们牺牲享乐，而是让我们享受更高级的生活。

自律一直是大部分人的薄弱点，所以，我们总会觉得"××事我想做，但我做不出来""××东西我也想有，可是我没有"。如果你正尝试与不自律作斗争，那么恭喜你，你已经尝试抛开固执了，因为一个坚持成见的人，是不会认为自律能真正给予自己自由的。

　　"妈，你给我报两个辅导班吧，我想报物理和数学。"小南对妈妈提议道。

　　妈妈皱着眉头说道："上课认真听，比啥不强？非要花钱报辅导班？人家都说'树大自直'，楼下小明妈妈天天在家打麻将，小明不照样考第一？"

　　小南被妈妈的"理论"撑得发愣，但还是忍不住说道："妈，现在很多东西老师都讲不到，都要报辅导班的。咱家也不是没钱，你干吗不让我去啊？你要不给我报，就别再说我成绩不好了啊，我是真努力学习了。"

　　妈妈立刻揪住小南耳朵："咋？威胁我是吧？你学习是给我学的？咱家钱是大风刮来的？你认真学习了我咋没看见，那天我还看你跟人踢球去了呢。你自己学习不自律，一天到晚跟人家玩儿，我看你报补习班也没用，也就是换个地方玩，还不如省省钱。"

　　小南"哎哟哎哟"地只好妥协，谁让自己摊上这么固执的家长呢。

小南妈妈无疑是固执的，她已经将"补习班"和"浪费钱"画了等号，又将"会学习的孩子，在什么环境下都能学习"奉若"圣经"，也难怪听不进小南的话了。

　　而且，小南妈妈还有个误区，那就是"学习就是要一直学，从早学到晚，如果你休息、放松，那你就是不自律"。这种方式显然是对自律的割裂，因为自律原本就不是痛苦的事。如果固执地将"自律"与"痛苦"联系在一起，那说明她本人也是个不懂自律的人。

　　那么，我们要如何正确定位自律，并让自律有效改善我们的生活呢？

（1）要对自己有清醒的认知

　　小南对自己的认知就很清晰。他知道自己不是天才，也知道自己努力了，需要靠辅导班突破自己。可小南妈妈没有一个清醒的认知，她拒绝小南报辅导班可能是因为成见，也可能只是因为当时心情不好。总之，她无法清醒地认识自己，也不够了解孩子，更不知道所谓"自律"是何物。

　　所以，我们在迈出自律这一步前，要先明白自己想要的是什么，明确这个东西是不是适合自己的，然后才可以做出行动。试想，如果你本人都不清楚自己的行为是不是自律的，那又如何真正做到自律呢？

（2）勇气试炼

　　不犯错的自律几乎是没有的，因为情绪、欲望和感情等因素会阻止你继续下去。很多人都因为坚持的痛苦放弃了自律，但坚持下去的人就会迎接更优秀的自己。

　　事实上，我们不能假装自律是一帆风顺的。当我们遇到痛苦时，与其假装这些事很容易，倒不如直白地告诉自己"这件事很难，但我要拿出勇气坚持下去"。

强化你的承诺，能让你在对待自律目标时保持清醒的头脑。毕竟，自律的代价总比日后后悔的代价低。

生活就像一场马拉松，自己去跑，也要跟别人跑。而且，大部分人并没有倒在终点前，相反，他们大多倒在半程之前甚至是起跑线附近。摇旗呐喊、赌咒立誓要跑第一的很多，可真正能够做到自律的很少。人与人的差距，就是这样一点一点拉开的。

王小波说："人的一切痛苦，本质上都是对自己无能的愤怒。"正如其所言，自律是解决问题的必要前提，也是消除大部分痛苦的手段。

固执的人会因为对自律的偏见而失去原本光明的人生，也会为此付出令人懊悔的代价。希望我们每个人都能摒弃对自律的成见，自在扬帆，驶向自己人生价值的彼岸。

嫉妒：把眼光放在别人身上的人是最不幸的

魏芙很讨厌"纸片人"身材，这是大家都知道的事。

如果迎面走来一个极瘦的女人——碰巧这个女人还非常美丽——那魏芙就会大为光火，一定要跟友人吐槽一番才舒服。

这天，魏芙与友人相约逛街，刚到步行街，一个穿着性感、长相美丽的"纸片人美女"就迎面走来。魏芙与"纸片人美女"擦肩而过，满脸都是不忿的神色。

"哼，以为瘦成这样就招男人喜欢了吗？男人还是喜欢微胖的。"魏芙翻了个白眼道。

旁边友人似乎已经习惯魏芙的吐槽，只是笑笑道："你怎么知道人家瘦是为了讨男人喜欢？也许她只是单纯地吃不胖呢。"

魏芙撇了撇嘴，又道："搓衣板身材还敢穿低胸T恤，也不知道谁给她的勇气。"

友人笑着按住魏芙的肩膀："好了好了，不要说别人了，我们快去吃冰淇淋吧。"

晚上回到家，魏芙甩掉高跟鞋，将肚子上的束腰摘掉，狠狠地吐了口气。她满脑子都是白天那个"纸片人美女"的样子，脸上也露出了深深的羡慕和嫉妒——"唉，气死我了，减肥减肥！明天吃沙拉吧！"

大家都知道，嫉妒是一个贬义词。而且，我们在前面已经提到了——当你自律的初衷是因为一时冲动嫉妒某人时，往往也达不到长期自律的效果。

我们可以将嫉妒分为两类，一类是理性的嫉妒，另一类是非理性的嫉妒。

所谓理性的嫉妒，就是产生超越对方的欲望，比如更加认真地学习、工作，再比如制订减肥、健身计划。所谓非理性的嫉妒，就是采用一些极端的方法，如将对方拉下水，打击、攻击、侮辱对方等。

现实中，我们经常使用两种嫉妒交合的方式来做出行为，那就是一边贬低、攻击对方，一边做出极端的伪自律方法——如绝食减肥、一口气跑 20 公里、通宵背单词等。

其实，嫉妒可以成为激发自律心的动力，因为真正的自律需要满足如下三个条件：

①有强烈的欲望、动机与目标；

②所做之事能让自己产生满足感与幸福感；

③外部环境需要有激发性。

所以，我们在自律过程中，也要注意"嫉妒"这把双刃剑。

陈龙和肖婕都是圈内有名的小提琴演奏家，可是，从年初开始，陈龙就决定不再碰小提琴了。肖婕虽然觉得惋惜，但也表示理解，毕竟陈龙从那场独奏会之后，就对小提琴失去了热爱。

原来，陈龙和肖婕从小就是竞争对手。当时，有一个被誉为"小提琴神童"的孩子，年仅12岁就开了自己的独奏会。陈龙和肖婕都跟着爸妈去听了这场独奏会。坦白说，"小提琴神童"演奏得非常出色，连一些专业的成年小提琴演奏者都难以与其比肩。

演奏完毕，陈龙的爸妈一边咂着嘴，一边对陈龙说道："你看看人家，再看看你自己，真不知道人家孩子是怎么学的……你没有人家聪明，就要比人家更努力才行啊！"陈龙一边不耐烦地听着，一边恶狠狠地瞪了"小提琴神童"一眼。

一旁的肖婕父母也趁机对肖婕说道："小婕，他演奏得是不错。不过，爸妈更希望今天站在台上演奏的是你！"肖婕燃起了斗志，回家之后，她第一次主动练习起小提琴来。而且，她还对爸爸说道："爸爸，从今天开始，我们每天都来练琴，好吗？"

就这样，原本对小提琴充满热爱的两个孩子，其人生却因为一场独奏会发生改变。他们都产生了名为"嫉妒"的心理，可结果完全不一样。

陈龙的父母，本意是使用"激将法"激励陈龙，却让陈龙产生了逆反心理。陈龙认为，父母更喜欢"小提琴神童"当他们的孩子，所以对"小提琴神童"本人产生了嫉妒心。

肖婕的父母是通过强化"肖婕开独奏会"的欲望，让肖婕对"小提琴神童"有能力开独奏会这件事产生嫉妒心，所以，肖婕愿意主动练琴，因为她确实想站在这样的舞台上。

嫉妒可以成为自律的前提，但这种嫉妒必须满足激发自律心的条件，否则，嫉妒只能伤人害己，让我们的人生充满阴暗。

俄国著名作家安德雷耶夫曾说："一个人最大的胜利就是战胜自己。"当我们对某个人、某件事产生嫉妒心理时，就容易破罐子破摔，跟对方拼个你死我活、遍体鳞伤。而聪明的人懂得调节自己的嫉妒心，他们能将嫉妒转化为动力，从而战胜那个不够明智的自己。

人们常说，自律的人生很苦，因为他们习惯了懒散的日子，突然要将日子过得有条不紊，他们会觉得习惯受到了挑战。可是，只有滞后的人生才是苦闷的，当我们通过自律重获新生时，又怎么会觉得人生苦累呢？

嫉妒这种心理的产生，其实是因为我们的安全感、虚荣心等受到了挑衅。我们总会习惯性高估自己，当对方的能力比我们高出太多时，我们的挫败感也会更强。这时，一部分好强的人会产生诸如"有什么了不起的，我也可以"的想法，然后付诸实践。

可是，因为一时冲动而产生的热情，会随着难度的加深而逐渐熄灭——这是正常的，没有谁的意志力是无穷无尽的——事实证明，一个人如果很快就做了一个原本艰难的决定，那他在后来面对诱惑时，屈服的可能性也就更高。

我们都知道牛顿第一定律的内容——除非有外力施加，物体的运动速度不会改变——根据牛顿第一定律，我们可以推出"假设没有任何外力施加或所施加的外力之和为零，则运动中物体总保持匀速直线运动状态，静止物体总保持静止状态"，也就是我们常说的惯性。

牛顿第一定律不但能解释运动，也能解释自律。

当没有嫉妒这个外力存在时，我们可能会长期保持自我良好的感觉，并在这个感觉中保持长期静止的状态。当嫉妒过强时，我们会失去理智，原本处于长期稳定的状态也会突然加速，但这种速度也会因为消耗过快而迅速消失，最后重回静止。而自律则是一种长期稳定的外力，当这种外力形成习惯时，我们就能在更高级的状态下保持长期稳定。

自律能让我们过上开挂的人生，这种喜悦也会支撑我们继续自律。当我们产生嫉妒心理时，先别急着否定自己。说不定，这就是我们开启崭新人生的契机呢。

第三章

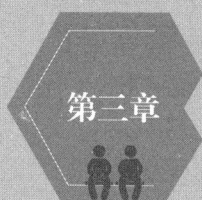

高手能自律，
也只是用对了方法而已

制订目标，让你的能量内循环

"我要减肥了。"赵敏捏着肚子上的肉，咬牙切齿地对同事刘达说道。

刘达对赵敏的"减肥大计"不置可否，因为她的计划本几乎被各种减肥计划占满了，可她本人连一两肉都没减下来。

赵敏也不想知道刘达的看法，她兴致勃勃地打开了一个新笔记本，然后工工整整地画好了格子。赵敏想了想，自己新陈代谢快，而且基数大，一天瘦 1 斤总是没问题的。于是，她在格子里认真地写到：12 月 1 日，87 公斤；12 月 2 日，86.5 公斤；12 月 3 日，86 公斤；12 月 4 日，85.5 公斤……如果按计划走，元旦那天，她正好能瘦到 70 公斤。

第一天，赵敏瘦了 1 公斤，超额完成目标；第二天，赵敏又瘦了 1 公斤；第三天，赵敏体重没有改变；第四天，赵敏不但没瘦，反而胖了 0.5 公斤。赵敏有点烦躁，自己都快绝食了，怎么能不瘦反胖呢？

到了第五天下午，心情烦闷的赵敏回到工位，刘达正在享受他的下午茶。香甜的气味充斥着赵敏的鼻腔，她再也忍不住，与刘达一同大快朵颐起来……

第 N 次减肥，失败。

很多人在制订目标时，总是将目标想得太简单。他们认为，只要将要列的东西列好，然后按照计划完成即可。就如赵敏，她甚至将减肥目标细化到了每一天。可是，每天减重 1 斤不像每天做 10 个俯卧撑一样可以量化。我们的新陈代谢，我们每日摄入的能量，我们每日消耗的卡路里都会让这个数字有变动。所以，赵敏的目标并不成立。

我们来思考这样一个问题，假如你把"搬砖"这件事列入计划中，那你会选择以下哪种方式来列计划呢？

①今天，我一定要努力搬砖！

②今天，我要搬两千块砖！

③今天，我要用一个小时搬两千块砖。

④今天，我要用一个小时，搬三百块砖。

好，现在我们来分析一下"搬砖"这项任务。

计划①，有具体的目标，即"搬砖"这件事，但是它没有可量化的目标。

计划②，有具体的目标，也有可量化的目标，即"搬两千块砖"，但没有计划时间。

计划③，有具体的目标，有可量化的目标，也有计划时间，即"一小时内"，但它没有可实际操作性，因为考虑到肌肉疲劳等问题，用一小时搬两千块砖几乎是不可能完成的。

计划④，有具体的目标，有可量化的目标，有计划时间，也有实际操作性。

综上所述，计划④是最符合目标制订原则的。

我们列目标时，一定要让所有小目标可量化，且所有小目标都要为大目标（终极目标）服务。比如减肥、健身的终极目标都是为了健康和美丽，那我们就可以为了健康和美丽制订一个计划。

比如运动方面：每周的周一、周三、周六晚上7点跑3公里，周二、周四做40分钟的有氧健身操，周五、周日晚上散步1小时。比如饮食方面：每周选择两天晚上只吃蔬菜沙拉，每天保证10种蔬菜和水果，每天吃肉不超过3小块（三分之一牛排的量）。比如护肤方面，隔天敷一次面膜，每天出门前做好防晒，晚上做好补水。只要我们按照这样的计划来做，相信健康、美丽、瘦身等小目标就都可以达到了。

其实，自律的最终目标就是改变对身份的认知。我们要明确这样一个常识——设定目标不能帮助我们变自律，它只能在前期起到辅助作用。

人类是一个很依赖"经验"的族群，他们不会轻易改变固有思维模式，也不会轻易改变自己的行为习惯。而且，人们行为习惯的改变需要经过三个阶段："结果的变化阶段""过程的变化阶段"与"身份的变化阶段"。

（1）结果的变化阶段

我们设定的大部分目标——比如健身、减肥、考试等——都需要长期的坚持。练出马甲线、瘦5斤、期中考试考90分等都是一个短暂的结果，当你达到这个结果时，就等于达到了这一阶段。

（2）过程的变化阶段

这个阶段与我们的习惯有关，比如我们在执行了一段时间的计划后，可以主动地完成计划中的内容。就拿健身来说，我们最初需要闹钟或私教的催促而去健身房健身。当没有任何外力迫使你去健身房，你却主动将"去健身房健身"当作必修课时，就等于达到了这一阶段。

（3）身份的变化阶段

这个阶段与你的固有习惯、认知甚至信仰有关，当你从一个崇尚懒散的人，变成一个追求自律的人，那你的三观、自我认知能力与对事物的认知能力都会发生改变。当你达到这一阶段，才算真正做到了自律。

很多人虽然靠所谓的计划实现了暂时的目标——有些人甚至坚持执行了很长一段时间——但他们仍然觉得自律是痛苦的，是不自由的，那我们就不能说他们真正达到了自律，因为这份偏见和痛苦早晚会让他们放弃自律。

还是拿减肥举例，当一个人经过长期努力，终于成功瘦下 40 斤后，他第一件事就是大吃一顿，然后放弃减肥——因为减肥太苦了。那么，我们可以预见的是，他日后肯定会反弹，甚至会胖 50 斤。一个正确坚持自律的人，在瘦下 40 斤后不会有太大欣喜，也会继续之前的食谱和健身方案，因为他已经习惯了这样，而且他因为自己的习惯感到舒适，这才是正确的自律。

我们不妨想象这样一个场景。

你递给 A 一支香烟，A 委婉地拒绝了你："不了，谢谢，我正戒烟呢！"

　　你又递给 B 一支香烟，B 也拒绝了你："不了，谢谢，我已经
不抽烟了。"

A 和 B 谁能真正戒掉香烟呢？答案应该是 B。

在 A 的认知里，自己依然是个烟民，这次只是短暂的戒烟阶段，
如果戒不掉，还可以继续抽下去。而在 B 的心中，自己已经不是烟民了，
抽烟已经成了过去式，所以他的戒烟会更加成功。

提到自律，绝大部分人脑中都会浮现"早睡早起""减肥""运
动""学习"等词，但自律不仅如此，它需要一个长期且整体的计划，
也需要十足的耐力与适应能力。

美国著名作家 M. 斯科特・派克在《少有人走的路》中说："自律，
其实就是一种自我完善的过程。我们在自律时，必然会经历放弃的痛
苦。但是旧的事物消失，新的事物才会诞生。"

所以，当你因为自律而倍感痛苦的时候，不妨换个角度想一想——
一个崭新的自己马上就要出现了，我们还有什么不能坚持的呢？

及时止损，远离正在消耗你的人、事、物

南维仁是一名杂志社编辑，正当他在电脑前敲击键盘时，一位多年不联系的初中同学突然在微信上找他，问他在不在。

南维仁也没有多想，很快就回复了她。接着，这位初中同学开始跟南维仁抱怨，说自己最近真的好忙啊，一边忙着研究生实习，一边要写 3 万字的论文。之后，又杂七杂八地发了一大堆"我好忙啊""快忙死了"之类的话。

南维仁有些纳闷，你很忙关我什么事？但转念一想，他就明白了这位老同学的意思。不用说，肯定是找自己帮她写那 3 万字的论文。南维仁装傻充愣地应付了一阵。不一会儿，老同学果然抛出了自己的目的——希望南维仁帮她写论文。

南维仁立刻委婉地拒绝："你的研究方向是建筑，我是学汉语言文学的，对建筑知识根本一窍不通啊。"况且论文还是 3 万字，估计要花两三天时间，我们又不熟，凭什么白给你写啊？南维仁心里暗想。哪知这位老同学不识趣也不死心地继续说道："你可以找你们学校的建筑学的同学借书看看啊，书上的理论你随便写几点就好了啊。何况，我的大体

框架都让我同学帮我弄好了，你就填点中间内容就行。这么简单的小事，对你这个大编辑还不轻而易举啊，都是老同学，帮帮忙吧！"

南维仁直撇嘴，3万字是简单的小事？在你眼里写篇论文这么容易，那你怎么不自己去写？南维仁明确拒绝了她的要求，没想到这位老同学立马变脸，甚至发了条朋友圈暗讽南维仁不近人情，做事冷漠，情商低……南维仁皱着眉头，立刻拉黑了这位老同学。

人们常说，关系是需要维护的。正所谓"皇天不负有心人""只要功夫深，铁杵磨成针""你拿真心对待他，他也会拿真心回报你"。可事实上，对待那些许久不联络的"陌生人"，我们大可不必想得太多。毕竟我们大概率会像那些想感化渣男的姑娘一般，结果只能是"费力不讨好"。选择的方向不对，再努力也只是白费，及时止损才是最好的选择。

及时止损是成年人最高的自律，这是受到广泛认可的观点。自律让人成长，让人能控制自己的思想，也让人懂得精简社交，过更高级的生活。

在生活中，我们应该如何做到高级的及时止损呢？

（1）懂得抛弃沉没成本

经济学上有个词，叫作沉没成本。

举个例子，一位教授带着两个学生去餐厅吃饭，那家饭店正好搞活动——只要消费满300元，就可以立刻返现20元。三个人点了280

元的菜，但这些菜都很难吃。

这时，其中一个学生苦着脸说道："教授，我们再点两个10元的蛋挞，凑够300元吧，这样我们还能拿到20元的返现。"而另一个学生则说："我们已经花掉了280元，就算你再点两个蛋挞，也不过是再多吃俩难吃的蛋挞而已，还不如直接走人。"

这里面的"280元"就是沉没成本，专业点说，沉没成本就是指那些已经发生了的、不能由现在或将来的任何决策改变的成本。简单来说，就是已经付出且不可收回的付款、投资、感情等。比如某个姑娘爱上一个渣男，交往一阵子后觉得这个男的不行，但因为之前付出的太多了，于是凑合着过。最后嫁给渣男，怀孕了，生子了，婚后过得十分悲惨。

生活中，我们要面对的沉没成本太多，如果不能理智地告诉自己"什么才是我想要的"，不能理智地控制自己的行为，那就会造成更大的损失。

一个自律的人，懂得抛弃优柔寡断，懂得舍弃眼前的东西，而换取更长远的利益。那些能做到"当断则断"的人，不是因为冷漠，也不是因为他们不够用心，而是因为他们懂得如果一意孤行地要做一段注定失败的事，那肯定会被生活狠狠扇一巴掌。

作为一个成年人，最可贵的自律便是懂得及时止损。因为只有停止一件错误的事，才能开始另一件正确的事。开始一件事前，你可以有很多理由，但抛弃一件事时，你只需要一个理由，那就是"这件事是错的，我不能继续下去"。

（2）仔细筛查身边人，他们给你什么样的感受

我国知名诗人汪国真曾说："凡是能到达了的地方，都属于昨天，哪怕那山再青，那水再秀，那风再温柔。太深的流连便成了一种羁绊，绊住的不仅有双脚，还有未来。"

有时候，我们太留恋所谓的"羁绊"，却在无意间被绊住脚步，拖得我们无法前行。所以，我们不妨停下来仔细想想，这些"羁绊"都给我们带来了什么。好的"羁绊"会治愈你，错的"羁绊"会消耗你。面对消耗你的"羁绊"，我们不妨及时斩断。

很多人不懂得怎么区分"对的人"与"错的人"。其实，只要我们稍微感觉一下，就可以知道答案了。在对的人身边，你会感觉非常舒适，连心情都变得美好起来。而在错的人身边，你会感到很累，即便你喜欢他，想讨好他，但你还是很累，会有一种"有劲儿无处使"的感觉。

成年人的人生，已经走过了小半。我们应该认真对待余下的人生、余下的人，而不是在不值得的人身上浪费时间。及时止损，才能远离负能量的人。及时止损，才能开启自律的人生。

（3）记得摆正心态，不要急，不要躁

我们要明确这样一个常识，那就是"坏事越早发生，好事才会越早到来"。

人生本就是"各有渡口，各有归舟"，如果只为眼前的坏事懊恼，而不做出行动改变情况，那好事就不会来敲门。

我们需要摆正心态，拿出勇气对坏事说再见。当我们不疾不徐、不急不躁地处理完眼前的坏事后，生活就会给我们惊喜。

其实，除了那些无法改变的坏事外，让成年人遇到的无非以下几种。

生活上——遇到坎坷，不如放弃没必要的挣扎，割舍掉让自己每天消沉的东西；

工作上——与同事关系不好，与上司关系紧张，与公司气场不合，能解决就解决，解决不了，那就换个地方重新开始；

感情上——与其与渣男烂女山高水远，不如寻找下一个更合适的好人。

坏事拖下去，就会让好事更难发生。及时止损不仅说着简单，做起来也不难。只要你愿意迈出第一步，那么快乐与自由的感觉就会督促你继续精简你的生活。

自我们成年的那刻起，我们身边仿佛少了一些条条框框，也少了父母与师长的监督。这时，自律的重要性便更加凸显出来。

及时止损是开启自律的重要一步，也是最高级的一种自律。如果你当前正在经历不好的事，那么，请及时止损，然后重新开始一段更好的生活吧。

时间管理，活用你的时间

张锋六月从大学毕业，毕业后，他直接签了超一线城市的某家大企业。可自从正式参加工作起，张锋就发现自己的时间越来越不够用了。

公司福利还不错，只要在公司加班，公司就可以解决员工的饮食。可张锋的住处离公司较远，如果加班到晚上8点半，那他到家就得10点以后了。收拾收拾屋子，玩会儿手机，很快就到了12点钟，距离第二天起床时间只有5个小时了。在公司待了两个月后，张锋明显瘦了一圈，整个人也是没精打采的。

前辈陆明见张锋心不在焉的样子，忍不住问道："咱们公司是双休啊，怎么感觉你还是休息不过来呢？"

张锋不好意思地笑了笑，说："周末啊，感觉自己也没做什么就一晃而过了。"

陆明好心提醒道："参加工作后，时间就会变得很快，你需要管理、约束自己，不然这辈子很快就虚无地过去了。"

张锋点了点头，其实自己也明白这个道理，但具体应该怎么做呢？他陷入了沉思。

对于成年人来说，时间管理是非常重要的辅助工具。时间管理带给人们的不仅是省出的时间，更是一种自律生活的态度。

我们可以用多出的时间，去做自己一直想做却没时间做的事。在时间管理的过程中，我们也会养成良好的习惯。

早睡早起、每天喝 8 杯水、定期整理房间，这些都算时间管理的一种；学围棋、学画画、看书，这些也都算时间管理的部分。正是这些微不足道的小事，帮助我们越来越自律，越来越进步，也让我们的生活越来越高级。

在开始时间管理前，我们首先要做的是对自己的人生进行规划。我们需要在白纸上列出自己的梦想，列出自己的爱好，然后根据这些来具体规划人生。

比如一个程序员，她的梦想其实是当一名花店老板。那么，她就可以将花店老板当作人生目标。要想做花店老板，首先，要有足够的资金支撑花店运转，所以，她第一步是要攒够运转资金。其次，花店需要货源，这就要求她在闲暇时间多去走访货源地，或联系郊区温室自己种植。最后，花店需要很多琐碎的打理，如市场调查、定价、选址、装修、宣传等。当所有工作准备就绪，她就可以开始自己的梦想了。

如果没有这份人生规划，可能她这辈子就在浑浑噩噩中度过了，所以，我们需要给自己一个大目标，这样才更能让时间管理的价值发挥到最大。

而且，我们没必要只列一个目标，因为人生是不断变化的。我们可能会在深思熟虑后改变自己的梦想，也可能经历了一段颓废期又重新振作后，重新为自己规划一次人生。

很多人认为这是朝令夕改、三心二意的表现，其实不然，这个步骤反而是必不可少的。因为每一次重新规划目标，都能帮助我们重新认识自己，也能帮助我们审视自己过去的所作所为，这都是宝贵的经验。

下面是规划时间的具体方法，我们可以按照下述步骤开启自己的时间管理。

（1）金字塔时间管理

拿出一张白纸，上面书写"健康""知识""精神""工作/学习""个人/家庭""金钱"六类，然后给自己设定一个时间，如10年或20年。将自己的梦想分类写到这张白纸上，比如在"健康"一栏，我们可以写"增肌""减肥""护肤"等，在"知识"一栏中，我们可以写阅读100本书，在"精神"一栏，我们可以写"保持活力""保持善良"等。

我们不必考虑它是否难以实现，也不用考虑梦想是否太远，只要尽情想象未来优秀的自己，然后定好方向。而且，我们也不必将时间定在10年或20年，我们只需要有一个相对长远的目标即可。

（2）绘制技能树

在画完金字塔后，我们需要思考这样两个问题——为了达成金字塔中罗列的目标，我们需要什么技能和资源？除了梦想之外，我们还有其他的爱好、兴趣或渴望学到的东西吗？

我们按照这两个问题，将自己的技能、资源、爱好等画成一棵技能树，且每一个技能都要延伸出其他可以学习的技能。这样一来，我们就能通过审视技能树，来确定自己缺乏的能力是什么，从而更好地进行时间管理。

（3）分解目标

我们做好金字塔与技能树后，就需要将这些宏观展望分解成一步步具体的目标，并根据对人生的规划，来进行具体的计划制订。

分解目标是规划人生中最让人激动的部分，我们可以拿出笔，在前两步列出的内容下方，写出具体想做的事情。比如在金字塔"知识"部分，我们列出了 2 年内达到 BEC（商务英语证书）水平。那我们具体分解目标就可以列成"词汇量达到 9000""提高口语能力""阅读英文原著没障碍""能够不靠字幕看美剧"等。

为了达成上述目标，我们可以按照日、周、月、年等时间进行内容分解。比如每天练习1小时听力，每天练习半小时口语，每周背诵150个单词，每月读完一本英文原著，每年参加一次英文学习讲座等。

总而言之，当我们列出的计划越详细，我们的计划可行性就越强，我们也越容易行动起来。

时间对于每个人来说都是一样的，一天有 24 小时，一周有 7 天。人们无法延长时间，却能通过时间管理意识的培养来提高自身效率，让生活变得更有质量。

人生的两大财富，一个是才华，另一个是时间。才华越用越多，时间却越来越少。为了让时间更有效率，我们不妨对时间进行高效管理。

（1）分配时间，坚持"要事优先"原则

相信大家都听过"二八法则"，就是用 20% 的时间，产生 80% 的效率。为了让这 20% 的时间发挥出最大功效，我们需要知道"目前什么事情最重要"。

时间管理又称精力管理，总的来说，就是让人们把一段时间内的所有事情，按照"重要"与"紧急"分成两个方面，然后再将这两个方面细化为"既重要又紧急""紧急但不重要""重要但不紧急"和"既不紧急又不重要"四个方面。

比如疫情期间，大部分人都需要在家办公、上网课。那么，办公、上网课这些事对我们来说就是"既重要又紧急"的。然后，我们可以按照办公、上网课为主线，将其余的事情安排好。"既重要又紧急"的事就像一块大石头，其他的事情就像各种小石头，我们若想把石头装进瓶子里，那一定要先把大石头安排好，然后再把其他的小石头插进去。

我们可以在每天早晨，将今日最重要且紧急的三个事情列在清单上，然后告诉自己只要完成这三个事情就可以自由支配时间了。当我们养成这样的习惯后，时间管理的思维模式也就初步形成了。

（2）合理利用"碎片时间"

我们都知道，工作和生活中都有很多琐碎的事。但很多人不知道，我们也有很多"碎片时间"可以去处理这些琐碎的事情。

如果我们不留意"碎片时间"，那时间就会从我们的指缝中溜走。我们使用"碎片时间"，就可以省下很多时间来做真正有意义的事情。

我们可以使用候车、排队、会议间隙等时间打电话、处理邮件，

也可以利用坐飞机、高铁等时间处理工作文件等。这些小任务可以见缝插针地完成，这样一来，我们就不必占用整块的时间去处理琐碎事件了。

（3）形成规律，养成习惯

对于经常做的事情，我们可以安排一个固定的时间，为此，定闹钟是个相当不错的选择。我们可以定几个阶段性闹钟，提醒自己到了完成任务的时间，形成一种自发自觉的状态。比如每天6点起床（定6点的闹钟），10点处理文件（定10点的闹钟），晚8点打扫卫生（定晚8点的闹钟）。只要闹钟响起，我们就立刻行动，这对习惯的养成是非常有帮助的。

情绪管理，不焦虑、不抱怨、不攀比

"你知道吗？刘云又被老板表扬了。"蒋鑫跟同事大伟吐槽道。

大伟无所谓地说道："表扬就表扬呗，跟咱们有什么关系，刘云能力强，又会办事，表扬他还不正常啊。"

蒋鑫不吭声了。是啊，老板表扬刘云，为什么自己这么焦虑呢？

刘云能力强，又努力，蒋鑫总喜欢拿自己跟刘云比。可是，蒋鑫能力不够，平时做事也是得过且过，又不会说话办事，估计刘云都没拿正眼瞧过自己，蒋鑫拿什么跟他比呢？

想到这儿，蒋鑫又叹了口气。

"喂，你咋了？怎么老板一表扬刘云，你就拉个'苦瓜脸'。你要是也想获得表扬，就努力让老板满意嘛，"看到蒋鑫的样子，大伟忍不住开口说道，"你都多大了，老板表扬别人几句你就焦虑，你还是学着管理一下自己的情绪吧，我都感受到你满满的负能量了。"

蒋鑫一怔，原来，自己内心的想法早就被人看透了。而

且，他在周围人心中已经成了负能量的代言人。一想到这里，
蒋鑫更焦虑了……

一个人最好的自律，就是懂得管理自己的情绪。

正如世界潜能激励大师安东尼·罗宾斯所说："成功的秘诀，在
于懂得如何控制快乐与痛苦，而不是被情绪的力量反控。如果你能做
到这点，那就证明你掌握了自己的人生，反之，你的人生就会变得失
控。"若想自律，首先要管理好自己的情绪。

对成年人来说，情绪管理似乎是家常便饭。为了谋求利益，人们
习惯给自己戴上面具，力求喜怒不形于色。

可真正的情绪管理并不靠面具，也不靠忍。当我们产生愤怒情绪，
且暂时压制住愤怒情绪时，我们的血压会瞬间升高，我们的肠胃功能
也会紊乱，这些影响会直接导致我们免疫力下降，甚至诱发一系列疾
病。所以，真正的情绪并不靠忍。

自律的人懂得排遣自己的情绪，就拿愤怒情绪来说，他们懂得接
纳这种情绪，然后将这种情绪排遣出去，而不是吞下去消化掉。

下面，我们就一起看看如何排遣自己的情绪。

（1）用唱歌的方式，来宣泄自己的情绪

当我们内心烦闷时，不妨找个没人的地方吼两嗓子，如果离海边、
山上不远，我们也可以选个人少的时间，去海边或山上大吼几声。如
果身处闹市，我们可以直接去 KTV 点两首激情的歌曲嗨唱一番。

用唱歌的方式宣泄情绪，最重要的一点就是唱。要大声唱，使劲唱，
想怎么唱就怎么唱。不要顾忌有损形象，也不要顾忌跑音跑调，你只

需释放自己的情绪，好好地疯一把。

（2）用跑步的方式，来宣泄自己的情绪

我们经常会听到这样一句话："心情不好的话，就去跑跑步吧，出身汗就好了！"

从心理学角度看，这句话是非常有道理的，从科学的角度看，这句话也有其存在的原因。因为人在运动的时候可以加快血液循环，血液循环变快，就会让人的心情变得更加轻松。

那么，跑步法需要如何实行呢？国内著名心理学专家董如峰老师给出了三点方案：

当你受限于场地因素时，可以采用原地高抬腿跑步的方式；当你没有局限时，可以在公园里、人行道和小区里奔跑起来；当你奔跑的时候，就会感觉身上的每一个毛孔都被打开，随着汗液的流失，你那些悲伤、郁闷、愤怒、压抑的情绪也会随之流失掉。

当然，跑步的时候不要给他人带去困扰，否则，别人的指指点点也会为你增添一丝阴云。

跑步能为人体提供更多能量，同时，也能让我们将内心的负面情绪有效释放。跑步法在心理学中，也一直是非常实用的宣泄情绪法。

（3）用撕纸的方式，来宣泄自己的情绪

不知从何时起，撕纸成了"低智商"和"老年痴呆"的代名词。

可是，撕纸非但与"低智商"和"老年痴呆"等词没关系，而且还能帮助我们排遣自己的情绪。毕竟我们在生活中会经常面对负面情绪，当情绪积压到一个临界点时，我们就需要用合理的方式将

其疏导出来。

　　吴文飞因为考研失利而坐在台灯下黯然神伤。这时，他看到书桌上有一份过期的测验卷。测验卷上印着黑压压的文字，就像自己黑色的心情一样，让人压抑不堪。

　　心中烦闷的吴文飞立刻将眼前的报纸撕成两半，然后扔在地上。撕完后，他觉得心里舒服点了，但还是有些压力未能释放出来。于是，吴文飞重新捡起地上的报纸，将报纸一点一点地撕成了碎片。

　　将报纸撕得粉碎后，吴文飞心情十分舒畅：一次失利不算什么，还不如尽快着手新一轮的考研复习。想到这儿，他又一次坐到书桌前，拿起考试要用的书看了起来。

撕纸法的原理，就是将自己的注意力集中在手上，然后试着把纸想象成负面情绪的源头，再用力将它们撕碎。在撕纸的过程中，不管你心里在想什么，都不要压抑。只需将自己的情绪倾泻在手中的纸上。每撕完一张纸，你就会感觉身体里面的负面情绪被释放出一点，再撕完一张纸，你就会感觉到更轻松了一些。

撕纸法的原理，其实就是把人体中的负能量转化成可视化的纸张，并且通过撕掉负能量的方式，达到宣泄情绪的目的。

（4）用写字、绘画的方式，来宣泄自己的情绪

当我们遇到伤心、愤怒、压抑、无力等情绪时，可以用手中的笔（注意不是键盘）将心里的负面情绪释放出来。请注意！在写东西的时候，

你要用的一定是纸和笔，而不是键盘。这点很重要，因为文字从笔尖倾泻而出的感觉，是键盘无法给予的。

我们可以将烦心事写在纸上，再把自己准备对应的方法罗列在一旁。在梳理的过程中，我们就可以将情绪排解出去，说不定，我们还能从梳理情绪的过程中找到解决问题的好方法。

当然，我们还可以跟自己对话，并将与自己对话的内容写在纸上。比如，我们可以扮演两个角色，让自己改进，然后再安慰自己、肯定自己。我们还可以使用画笔，随心所欲地画出自己内心渴望的东西。这些画可以是人物，也可以是风景，还可以是一堆杂乱的几何图形和线条。我们可以随心所欲，一直画到内心平静为止。正所谓十指连心，当我们的指尖握住笔的一刻，就等于和自己的心灵来了一场旅行。

情绪管理是自律的重要部分，也是让我们走向成功的捷径。我们在人前可以戴上面具，但是在人后，将情绪疏导出去才是最关键的部分。当然，我们也可以选择把自己关在房里痛哭一场。只要能将心中的烦闷宣泄出去，大哭一场又何妨呢？

克制欲望，推迟享受，远离诱惑

张筱斐一直被各种罪恶感缠身，就连喝可乐都会有一种罪恶感——因为专家说，一罐330毫升的可乐，含糖量却达到35克，这相当于7块方糖。

看综艺节目的时候，舍友都被综艺逗得前仰后合，也只有张筱斐，一边看综艺一边焦虑——有这时间，我都能看60页书了。

翻朋友圈的时候，那些晒成绩、晒身材的小伙伴也让张筱斐嫉妒。她一边暗想"有什么可显摆的"，一边又回想自己有什么可以显摆的。想了半天，她更焦虑了——自己根本没有什么能发朋友圈的，除了吃吃喝喝。

张筱斐也想改变，可是，她克制不住喝可乐，克制不住看综艺，也克制不住翻别人的朋友圈，更克制不住自己对欲望的渴望。她想变瘦，想变优秀，可是，她又不愿意付出相应的努力。就这样，张筱斐在自己的欲望与焦虑中，离自己的初心越来越远……

大部分人选择自律的初衷，都是为了掩盖自己的焦虑。他们表面上的严谨自律，主要是为了展示给别人看，其实，这种通过表面自律来衡量自己与他人价值的心理，早就已经处在失衡状态了。

就像一个满身肥肉的人，即便他每天都去健身房打卡，大家也不会觉得他多自律，充其量给他点个赞，或说一句"加油"罢了。只有他真正将肥肉变成肌肉的时候，人们才会纷纷羡慕道："哇，你真自律，向你学习！"

所以，那些热衷在朋友圈进行自律打卡的朋友，通常不会坚持太久。因为他们需要调动很大的意志力去坚持打卡这件事，这就会让他们难以对自律持之以恒。

自律，一定要真正喜欢、擅长，且有所反馈，才算是真正有意义。如果自律对你而言只意味着痛苦，那坚持下去也只是徒增痛苦，我们又何必为难自己呢？如果我们只把希望寄托在严谨自律而快速获得改变上，那我们多半会变得焦虑、造作，也会把原本美好的品质变得急功近利。

自律应该是个人的选择。比如有的人每天健身，每天分享自己的健身记录，每天晒减脂餐，他享受其中，也不是为了给谁"显摆"。再比如有人会因为焦虑打乱自己的步骤，他每天看别人分享健身记录、晒减脂餐就会焦虑，所以他需要屏蔽掉这些"焦虑源"，并按照自己的节奏进行自律。

其实，大部分无法坚持自律的人，都是把主要精力放在了"控制行为"上。可是，与其控制自己的行为，倒不如克制自己的欲望，毕竟欲望才是自律的根本。

吕靖觉得，成年人身边的诱惑太多了。

吃不完的美食、追不完的剧、赚不够的钱……没有父母在身边约束着，一米八六的吕靖，体重从 130 斤飙升到 190 斤，整个人也变得油腻起来。

一天晚上，吕靖跟几个同事吃烧烤。酒过三巡，吕靖捏着肚皮上的赘肉说道："哎，成年人的字典里没有'容易'二字啊。"

其中一个同事笑着说道："谁说的？容易胖，容易穷，容易脱发！"

吕靖叹了口气："没办法，成年人的世界诱惑太多了，每天上完班就啥都不想干了，回家只想玩两把游戏。而且也没时间做饭，饿了就点外卖。上学那会儿，还老有人叫我出去打个篮球，遛个弯。可现在呢，连床都懒得下。你们看，刚工作两年，我就胖了 60 斤，看着像三四十岁的油腻大叔了。"

"谁说不是呢，"同事说道，"不过，同样都是工作两年，你们看咱们单位的王若琦，还像个十七八的小伙子似的，身材也好，脸上也光溜，每天状态也好，朝气蓬勃的，真不知道人家每天是怎么过的。"

是啊，吕靖也纳闷，王若琦比自己还大一岁呢，怎么就西装革履、自信从容呢？都说岁月是把杀猪刀，怎么偏偏自己是猪，而人家就活出了岁月静好呢？

想到这儿，吕靖又喝了一口闷酒。

克制欲望，并不是要剥夺我们的欲望和需求，它只是一种更加积极的生活状态。无论是克制身体欲望、生存欲望还是精神欲望，都是为了完成更高级的目标，达到更高级的生活状态。而克制欲望，在某种程度上也是衡量一个人是否成熟的标志。

成年人的世界很宽，因为每个人都有自己的欲望，身边的灯红酒绿也会让我们在欲望中迷失；成年人的世界又很窄，因为大家沉迷在自己欲望里后，就很难拔出脚来迈向更广阔的世界。

如果我们仔细观察身边那些成功的人，就会发现他们的共同目标就是会克制自己的欲望。因为他们知道，只有克制眼下的欲望，才能更坚定地迈向未来。欲望是动力，也是灾难的源头，自律是对欲望的疏导，也是让我们走向更高级人生的台阶。

鲁迅曾说："当我沉默的时候，觉得很充实；当我开口说话，就感到了空虚。"其实，这就是对自我欲望的一种克制。成年之后，我们更要清楚放纵与克制的界限，也更要清楚怎么做才算是真正地爱自己。对一件事情再沉迷，也要保留该有的克制，这才是高级的生活。

所谓克制欲望，除了克制自己的欲望外，也要克制自己控制别人的欲望。古语有云："己所不欲，勿施于人。"我们经常会遇到一些控制欲过强的人，不停对我们提出要求，喜欢去评判别人，想让所有人都按照他们的要求做事。这类人往往是最不成熟的，他们觉得自己很成熟，觉得自己高高在上，其实却过不好自己的一生。

我们每个人的价值观、思想、行为习惯都是不同的，每个人都有自己独特的标志，我们不能将自己的思想强加给别人，也不能控制别人按照自己的欲望行动。

对成年人来说，自律不仅意味着克制自己，也意味着接纳对方的不同之处。成年人最基本的自律就是克制自己的欲望，而最基本的自觉就是克制自己纠正他人的欲望。

　　坚持你喜欢的，克制你沉迷的，尊重你不理解的，这才是成年人最高级的自律。

自我调控，苦而不言，喜而不语

人人都说，张潇是个狠人，但她不是对别人狠，而是对自己狠。

大学同学刚毕业时，身高只有一米六的张潇，体重却达到了170斤，是个十足的小胖子。可毕业后两年，张潇成功减下了80斤，逆袭成了人人羡慕的女神。

大学同学聚会，大家为张潇举杯，张潇毫不推辞地举起了酒杯，舍友给她夹了块滋滋冒烟的烤五花肉，她也不拒绝地吃掉了，只是又多配了几口生菜。吃到八分饱，任谁再劝，张潇也不动筷子了，只是一脸微笑地跟大家聊天说笑。

聚会完，大家提议去吃烧烤，然后再喝一轮，张潇笑着说道："不去了，今天已经超标了，我得去健身房跑个10公里再回家，明天还要上班呢。"

大家纷纷竖起大拇指："狠还是潇潇狠，都快9点了还要去健身房，怪不得从'张小胖'逆袭成了'张女神'。"

张潇笑着摆摆手，往健身房走去。其实减肥与聚餐，一点都不冲突。

很多人在减肥时，都会拒绝别人的聚餐邀约，他们觉得聚餐就是一种诱惑，别人发来的聚餐邀约，就是打破自己节奏的噩梦。其实，我们只要在吃外餐时多摄入一些蔬菜，少摄入一些高热量食物，保证自己八分饱不要吃撑就可以了。试想，如果我们连一顿外餐都控制不了，那这种脆弱的自律也会很快因为其他事情中断。

人们喜欢将坏事推到客观事物上，就拿减肥来说，当我们因为聚餐中断时，第一想法往往是"都怪××，非要叫我出去吃饭""明知道我自控力不强，还非要喊我出去"。其实，真正让我们中断自律的是对自己的不信任，我们在最初，就认定自己"自控力不行""减肥可能会失败"，所以，我们的自我调控力从最开始就是弱的。即便没人邀请我们聚餐，我们也会因为各种理由中断自律。

自我调控能力——听上去是个很高级的词汇——其实就是在我们临近"破戒"时，能把我们拉回轨道的一种能力。

比如在定下了每周一、周三、周六去健身房的计划，周三却临时安排了加班时，大部分人都会用这样的想法安慰自己，"今天加班累死了，歇一天吧"。可这次一断，周六大概率也会取消锻炼，而且下周一也会继续休息，最后这个计划只能搁浅。而自我调控能力强的人，会在这个想法产生后，直接打车去健身房，不给自己拖延的机会。而且，下次有偷懒想法的时候，他们就会想"我连加班都坚持锻炼了，何况这次只是普通小事"。

瞧，自我调控能力就是这么神奇。所以，那些渴望通过自律改变自己的人，都希望加强自我调控能力，因为自我调控，能帮助他们更顺利地坚持自律。

　　李阿宇最爱喝奶茶，香喷喷的牛乳，混着清香的茶，再加上几颗芋圆或珍珠，简直是无上享受。可是，最近有件事，让李阿宇这个"奶茶控"非常烦恼——她有颗牙齿坏掉了，要做根管治疗，现在一喝甜的，牙齿就会疼痛不已。

　　周六逛街，路过奶茶店时，朋友习惯性地问道："阿宇，要不要喝珍珠奶茶。"阿宇在心里说了一万遍"不喝"，但话到嘴边，却成了"好啊，要焦糖奶盖，大杯的"。

　　就这样，阿宇一边忍着牙疼，一边咕噜咕噜地把奶茶喝下肚。逛街逛到一半，阿宇已经牙疼得受不了了，可她还是控制不住自己，一口一口地啜饮着手里的焦糖奶盖。

　　"阿宇，你怎么了，脸色有点不好。"朋友看阿宇一边喝奶茶一边疼得龇牙咧嘴的，忍不住出言问道。谁知李阿宇摆了摆手，说道："没事，就是有点牙疼，不耽误喝奶茶。"

　　朋友赶紧劝道："你还是别喝了，小心得牙髓炎，到时候连粥都喝不下去，可难受了。"

　　李阿宇被吓了一跳，但还是习惯性地啜饮着奶茶，仿佛一个对游戏上瘾的孩子，根本停不下来……

我们的人生，实际上就是一个不断进行自我调控的过程。通过自我调控，我们规划着自己的人生，让自己变得完美，让自己的人生更有意义。所以，如何进行自我调控是一门学问。

自律就是自我约束的过程，我们可以通过自律，让自己的行为更有章法。这个世界为我们确立了太多法规、章程，因为这些法规和章程能保证我们最大限度的自由。自律也是如此，我们需要通过自我调控，需要通过让自己的行为更有章法，来换取更大的自由。

为了达成这一目的，我们不能依靠"他律"，只能通过自我调控来把握人生的开关。我们需要控制自己的行为，这样才能获得真正的快乐。

良好的自律包括自爱、自尊、自控、自强、自省、自励等，这些都能帮助我们更好地调控自己，帮助我们提升人生的品质度、价值观、成就感。而上述内容，又可分为自量与自立两种。

所谓"自量"，就是要经常掂量、估量自己，避免出现妄自菲薄、妄自尊大的现象。对成年人来说，自量并不是一件容易的事，因为它包括了拿什么量、什么时候量、如何量等方面内容。

不过，自量并没有标准和公式，也没有固定答案，因为每个人的情况都是不同的，每个人都有不一样的人生阅历与性格特点，所以，关于自量的各个方面，需要我们自己去把握。

比如一个办公室白领，可以在同岗位里选择一个阅历、经验、能力都稍微高于自己一点的人，作为自己自量的标准。这能帮助我们随时审视自己，随时估量自己，也能帮助我们持续进步。能够自量的人，一定不是浅薄浮夸的人，他们能把工作与人际关系处理得恰到好处，能够做到"先量己才而思用"，而不是"己不才而量他人，没慧眼，不识珠"。

所谓"自立"，就是人立于世的能力。自律能让我们有立场、有思想，不会盲目附庸他人而丧失自己。古人有言："人生三不朽：立德、立功、立言。"这是自立的经典概括，也是自律的经典概括。我们需要建立良好的品德，然后建功立业，最后让自己良好的思想观念对他人产生正面影响。

　　可以说，自立是自律中较为困难的行为，因为它不但要付出努力，还需要配合意志。如果一个人意志薄弱，没有自立精神，那他就会随波逐流、得过且过，不管做什么，都会"竹篮打水一场空"。

　　自律就是不断自量、自立的过程，也是不断完善自我调控能力的过程。希望每个人都能在自律的世界里，迎接更广阔的天地，过上更高级的生活。

第四章

提升自控力，
别让"纵欲"毁了自律

自控、自律从积极的心理暗示开始

张琦是棒球队的明星投手，投球前，他总会在众目睽睽之下，对着棒球念念有词地说些什么。同队的李骁染很奇怪，于是问道："琦哥，你每次投球前都在念什么？"

张琦笑了笑："我念的是'咒语'。你知道日本棒球选手桑田吗？他在投球前，就经常对着棒球念念有词，还有早前获得奥林匹克冠军的体操选手具志坚，他在做一些高难度动作前，也会轻声念些什么。我觉得这个办法很好，能让我在比赛的时候放松下来。"

李骁染点点头，桑田和具志坚的事情他也听过，据说这是一种积极的心理暗示，能帮助调节选手的心理状态。可是，这种方法真的有用吗？

张琦似乎看出了李骁染的想法，他笑着说道："你自己试试就知道有没有效果了。像我们这些运动员，在比赛中都需要高度集中的注意力，而这种暗示能有效提高我们的注意力和自信心。如果你想尝试，我可以教教你。"

最大限度地进行自我暗示时，人体也会随着自我暗示而发生改变。

比如我们在紧闭双目，保持平稳呼吸时，在心中反复默念“平心”“静气”，然后重复默念“右手变得很沉重”，那右手就真的会变重；如果我们重复默念“右手变得很热”，那我们的右手也会真的变热。最神奇的是，当我们感到右手变热时，在人体温度测定成像表上，我们右手也会确实显示出红色（代表体温升高）热像。

这种听起来神秘无比的事情，其实是由德国神经专科医师舒尔羡发明的一种名为“自律训练法”的放松技法，这种放松技法也被证实具有调节心理和降血压等功效。

从自律角度看，这种心理暗示能帮助我们调节心理，让我们相信自己一定可以达成目标，这种“深信不疑”对那些“自律小白”来说非常重要。

我们应该都听过“深信不疑”的例子，比如在对新开发的药品进行测试时，专家通常会将志愿者分成两组，一组使用真药，另一组使用同外观 0 药效的淀粉片剂（安慰剂）。在进行药效比较时，如果“真药组”的效果与“安慰剂组”的效果差不多，那就证明试验失败了。

这种试验在临床试验的场所（如研发室、医院等）屡见不鲜，这种测试还有个专业名称，叫“二重盲检法”。因为这种心理暗示性极强的“安慰剂效应”极其普遍，所以专家才会使用它作为研发试验的辅助工具。

这种心理暗示应用在自律中，主要是保证自己的精神高度集中。所以，我们需要为自己制订 1~3 条专属暗示“咒语”，并让自己相信当念出这句“咒语”时，就一定会成功。比如早上开始工作前，默念一句“今天一定要审阅两本稿件”，那今天的效率就会意外地高，因为你给了自己一个积极的心理暗示，这个心理暗示会让你相信"我一定会做完这件事"。

我们也可以指定一些毫无意义的词汇。比如我们暗暗告诉自己"当我默念出'呜哇'的时候，我就可以爆发出 120% 的能力"，那么，你的心理暗示就会帮助你增强信心，从而提高成功的可能性。

当然，我们在使用心理暗示来维持自律时，也要注意不要给自己消极的心理暗示。很多人开始做一件事前，总会下意识地想"我不行""明天再做吧""好不容易到周末了""大过节的""吃完再减"……正是这些消极的心理暗示，会让我们无法开始或提前中断自律。

> 陈樱最常挂在嘴边的词，就是"算了"。
>
> 减肥的她，如果碰上有人约饭，她便会对自己说"算了，下次再减吧"，然后胡吃海喝一番；健身的她，如果碰上有人约逛街，她便会对自己说"算了，逛街也是健身的一种啊"；准备考试的她，碰上双休、加班、节假日时，她便会对自己说"算了，好不容易双休，别看书了""算了，都加一天班了，别看书了""算了，今天可是过节啊，别看书了"……
>
> 就这样，年仅三十的陈樱，仍然是个工作能力不强、身材不好、体质也不好的普通人。尽管她渴望改变，可每到要"动真格"的时候，她内心的懒惰都会化身恶魔，在她耳边低语"算了""算了"……
>
> 看着一事无成的自己，陈樱倍感焦虑。可是，她又不知道该如何做才能改变现状。就在无数个"算了"声中，陈樱日复一日地焦虑着。

其实，例子中的陈樱搞错了一件事，那就是自律并非一次性达到所有目标。自律应该是进步的，是循序渐进的，是每次比之前更进步一点的。一步一个脚印地迎接更优秀的自己的过程，才能称为自律。而若想达到这样的自律，那我们要做到的就是——不要太轻易地"原谅"自己。

陈樱就是个很容易"原谅"自己的人。

她觉得节食辛苦，于是给自己找了个台阶——"有人请客，下次再减"；她觉得健身辛苦，于是给自己找了个台阶——"要逛街，逛街也算健身"；她觉得读书考试辛苦，于是又给自己找了个台阶——"双休""加班""过年过节"。就在对自己一次又一次的"原谅""纵容"下，陈樱离想象中那个美好的自己越来越远。

成年人，真的不要太容易原谅自己。原谅自己就等于放弃今天，放弃今天就意味着有不确定性的明天，而不确定性的明天就意味着失败。

就像"打卡圈"里流行的那句话——"你如果决定选择失去不够好的今天，那么就等于选择失去你所期待的你想要的明天；你如果原谅自己今天对梦想松懈，那么就没有资格在老年的时候跟自己说对不起"。

我们的人生有太多的不确定因素，但自律可以让我们最大限度地把握那些可以确定的因素。我们可以用手中有限的资源，把自己打造得更加完美。

自律，从积极的心理暗示开始，放纵，则从消极的"原谅"自己开始。面对想象中那个优秀的自己时，我们需要不断向前迈进。否则，那个优秀的自己只能是"镜中花，水中月，看得见，捞不着"，最后徒增焦虑。

　　渴望改变自己，让自己更加优秀的你，请多相信自己，也请不要轻易地"原谅"自己。

人生不设限，激发自我潜能

20世纪80年代初，一句"桂林山水甲天下，阳朔山水甲桂林"，让桂林这个山清水秀的地方被全国人民熟记。而在桂林景区中，让人印象最深刻的不是山水，而是一位70多岁的老奶奶。

小视频里，这位老导游跟国际友人狂飙英文，让无数网友纷纷转发——"转发这个老奶奶，四六级必过""锦鲤锦鲤，保佑我四六级"。

在大家纷纷称赞时，另一条新闻更是让人们跌破眼镜。原来，这位老奶奶不仅会说英语，还会说法语、德语、日语、以色列语、西班牙语……据说，她会讲11种语言！

网友们纳闷：这是哪里的老教授吧？来景区是做志愿者的？可事情的真相让大家万万没想到——这位老导游不但不是什么教授，而且只有小学三年级文凭。而这些语言，都是她靠在景区卖水，跟外国游客学来的！

俗话说，"高手在民间，草根出神仙"，连《人民日报》都忍不住为这位老导游点了赞。当人们问起她如何学会11

种语言时，她只是平静地说"都是日积月累的结果"。

这位厉害的老导游叫徐秀珍，她有一个更出名的名字，叫"月亮妈妈"。

人生没有白走的路，很多时候，自律和不自律，真的会给你带来天差地别的人生。就像"月亮妈妈"，她从 50 岁开始学英语，到 70 多岁竟然学会了 11 种语言。

"月亮妈妈"看似传奇的背后，其实是她 20 多年的导游经验。

最初，她在月亮山脚下卖矿泉水，所有的英语储备就只有一句"Hello（你好）"。碰到外国游客，她会硬着头皮走上前，问一句："Hello，你要买水吗？"外国游客看到她手中的矿泉水瓶，会疑惑地确定一下是不是"Water（水）"，就这样重复数次，她便知道了，原来矿泉水的英文是"Water"，发音是"沃特儿"。

她只有小学三年级文凭，不懂音标，更不懂什么语法，她只是用最简单、最原始的方式来学英语——记住对方说的单词，然后死记硬背。

就这样，她的口语越来越流畅，也在无意中成为人人称赞的"正能量网红"。

畅销书作者、"加拿大总督功勋奖"获得者马尔科姆·格拉德威尔，在其著作《异类：不一样的成功启示录》中提出："人们眼中的天才，之所以卓越非凡，并不是因为他们天资高人一等，而是他们付出了持续不断的努力。1 万小时的锤炼，是能让任何人从普通人变成世界级大师的必要条件。"这就是著名的"一万小时定律"。

人生没有哪一步是白走的，你自律，岁月自然会回馈你，你放纵，岁月也同样会反噬你。这个世界，喜欢偷偷奖励那些自律的人。

知乎上，曾有人发出了灵魂一问："为什么大部分人宁愿吃生活的苦，也不愿意吃学习的苦呢？"而点赞最多的答案，也揭示这件事的真相："大概是因为懒。学习的苦需要主动去吃，生活的苦……你躺着不动它就来了。"

人与人之间的差距，就是这样逐渐拉开的。

《向往的生活》中，世界知名的小提琴演奏家吕思清为大家表演了一曲《梁祝》。小提琴音色清脆，吕思清技法娴熟，一曲毕，所有人都露出了惊艳的神色。这时，杨颖叹了口气，说道："为什么当初没有人逼我？"

其实，这句话也说出了很多人的心声。我们习惯将别人身上那些自己羡慕却没有的能力，归结为"没人逼我一把""没人推我一把""没有这个机会"。可事实上，我们都知道自己想要什么。比如"想变瘦""想上大学""想考研"，可想法出现后，我们立刻否决了自己——"我不是能瘦的体质""我没有考大学／考研的能力"。我们从一开始，就认定自己没有这个天分，这就等于给我们的人生设了限。

　　林岩发现，原来所有人都可以接受他的平庸，可只有自己无法接受。为了追赶同龄人的步伐，为了不让那些"优秀分子"甩开自己太多，林岩打算给自己报几个班。

　　一番斟酌，林岩决定报在职研究生班、健身课和绘画班。

　　确定计划后，林岩先查了在职研究生报考条件，发现以他的工作时间与能力，考在职研究生还是挺困难的，于是他放弃了这个班。

然后，他又看了看附近健身房的私教课，发现每个课时的训练强度都挺大的。林岩捏了捏自己肚子上的赘肉，心里暗道："还是先减了肥，再去健身房吧。"

最后，他把目光投向绘画班。他一直羡慕会画画的人，尤其是那些能靠画画赚钱的人。林岩咨询了老师，老师告诉他，需要准备一个苹果平板，再准备一根苹果笔，然后购买一个叫"Procreate"的软件，之后才能报班。

林岩估算了一下，这些东西加绘画班大概要1万多块钱。"这么贵！万一自己学不会，不是白搭了1万多块钱吗？"林岩连连摇头。

最后，他还是什么都没有学，也还是从前那个平庸的自己。

从最开始，林岩就给自己设了无数限制，他认定自己不行，认为这些东西学了也白学，可他忽略了一点，那就是自己连尝试都没尝试，就已经失败了。

放弃很容易，坚持却很难。

著名主持人倪萍从52岁开始学画画，她希望用笔墨来记录自己的岁月。令人称羡的是，她的绘画水平已经可以与专业画家媲美。

有人问她："您是怎么想的，52岁才开始学画画，而且竟然有这么高的水平？"

为此，倪萍只是平和地说道："人一辈子可以做很多事，没谁规定哪件事必须哪年做，任何事只要你喜欢，你开始了，就没有早晚一说。"倪萍没有给自己设限，所以，她充实了自己，也优雅了岁月。

我们经常能看到这样的问题："今年20岁了，想重新考大学，晚了吗？""今年 30 岁了，想学英语，晚了吗？""今年 40 岁了，想学开车，晚了吗？"

对于上述问题，人们通常会给出三种答案"晚了""不晚""不一定"。可正确答案其实是"这不重要"。

有人 10 岁开始学英语，学了 20 年依然没学出什么名堂，可"月亮妈妈"50 岁接触英语，70 多岁成为会 11 种语言的网红导游；有人 20 岁的时候创业，中途觉得自己不行就放弃了，可柳传志 40 多岁才创办了联想公司。

村上春树 33 岁才开始跑步，王德顺 50 岁才走进健身房，我们每个人都有机会，让自己的人生淋漓尽致，不留遗憾，可大部分人都因为给自己设下了限制，最后消耗殆尽了人生。

其实，我们每个人都有无限潜能。今天，我们多一分自信，明天，我们就多一分底气，不远的将来，我们就能过上自己想要的生活。

人生才刚刚开始，我们何不义无反顾一把？只要你努力，那么这一秒的你，就比上一秒的自己更加优秀。

在潜意识中培养自律习惯

史珏是个深谙"偷懒之道"的打工人。

之所以说他会偷懒，是因为他能把懒"偷"得毫无痕迹。

比如领导叫他用两个小时上网查资料，他只用 10 分钟就将资料全部找好，但要等到两个半小时后才交给领导，同时不忘补一句："抱歉，资料有些难找，我想尽量找得全面一点，所以交得晚了。"而且，史珏每次都早半小时打卡，晚半小时下班。所以，史珏在领导心中，一直都是工作勤勤恳恳、做事勤勉认真的人。

后来，公司换了个新领导。新领导雷厉风行，不抓考勤，只抓实务，史珏那套"偷懒之道"毫无用武之地了。可偷懒惯了的史珏，已经完全没有工作能力了。本来想上网找资料，但他条件反射地刷起了微博，最后因为工作效率太差，被新领导骂了个狗血喷头。

史珏曾经偷过的懒，如今加倍反噬了他。他自己心里也清楚，再不改掉这些陋习，恐怕就要卷铺盖走人了……

我们多多少少都会有这样的经历，原本打算晚上 8 点去夜跑，可因为追剧、吃饭等借口，最后只能不了了之；再比如原本打算在周末学习英语，结果坐下刷抖音，不知不觉一上午就过去了……

其实，这些都是我们潜意识中的习惯在作祟。有些人习惯早起看书，或边听英语边洗漱，有些人则习惯一觉睡到日上三竿；有些人习惯晚上去健身房，从健身房回家后还要看会儿书，有些人习惯晚上打游戏，再熬夜吃个夜宵。正是这些潜意识中的习惯，影响了我们的人生轨迹，也让我们的差距逐渐拉开。

人们常说自律意味着欲望延迟，这是反人性的，其实，自律不过是一种习惯，有些人养成了这样的习惯，自然不觉得难受。

如果我们强制让一个习惯赖床的人早起，那他就会非常痛苦，同样，如果我们强制让一个习惯早起的人睡到日上三竿，那他也同样会苦不堪言。

自律的背后是习惯，我们首先要明白这一点。不管是自律还是拖延，其背后的本质都是习惯。习惯是推动人们做事的动力，好习惯让人不断进步，而坏习惯则使人慢慢堕落。而一个习惯的养成，主要可分为信号、反应程序、奖励机制和信念四个部分。

（1）信号

信号就是让我们开启某个习惯的导火索，比如提前定好的闹钟就可以是一个信号。

（2）反应程序

反应程序就是我们对信号的反应。比如我们听到提前定好的闹钟响了，然后立刻拿起闹钟把它关掉，这就是处理信号（闹钟）的反应程序（关掉闹钟）。

（3）奖励机制

为什么绝大部分人都喜欢看小说、看电视、刷抖音、打游戏呢？因为这些东西会让我们上瘾。人的大脑是有"趋利避害"特点的，当我们碰到自己不喜欢的事（如学习、上班等）时，我们大脑中的痛觉中枢会被激活，大脑会本能地排斥这些事情，然后将注意力转移到那些让我们心情愉悦的事情上。而看小说、看电视、刷抖音、打游戏这些行为，能刺激大脑分泌多巴胺，为了让这种快乐持续下去，我们就会花更多时间在上述行为上。

（4）信念

信念就是习惯背后的原因，不同的信念会展示不同的习惯。比如我们对游戏上瘾，那我们的信念就是追求更轻松的生活，如果我们对学习上瘾，那我们的信念就是追求更高级的生活。

这四点内容，就是一个习惯形成的原因。根据上述原因，我们也能从这四个方面来培养良好的习惯，促成自律的人生。

（1）信号

我们可以切断信号源，这样就能专心于其他事情，避免注意力分散。比如我们经常被微信提示音打扰，那我们可以把微信提示音关掉，或者直接屏蔽经常聊天的群，然后找一个安静的地方或学习或工作，这样就能保证不被提示音干扰。

（2）反应程序

这是我们唯一需要使用意志力的环节，比如在我们听到微信提示音时，克制自己不去管这条消息，专心于手头工作。当这些形成习惯后，我们的意志力也能获得锻炼。

（3）奖励机制

看小说、看电视、刷抖音、打游戏等容易让人上瘾的行为，会让我们逐渐形成拖延的毛病。所以，我们需要通过"完成任务"来奖励自己，比如完成某件事后，可以看一场电影或吃一顿大餐等。

（4）信念

我们需要用良好的信念代替原有的坏信念，最好的办法就是找出目前最想做或最急需做的事，然后制订计划解决它。

除了上述原因外，我们还需要一个清晰的目标来帮助培养习惯。如果我们的目标很明确，那就意味着我们的信念很强大，如此，我们的潜意识就会对目标产生强烈渴望，我们也会养成用心完成目标的习惯。

　　大家都觉得，张谦的人生肯定很无趣，因为他的作息几乎与老人一样——每天早晨5点就起床晨练，晚上8点就睡觉，不吃辣，不吃烟熏烧烤食物，比起可乐更喜欢喝绿茶……

　　"张谦，我真怀疑你是不是年轻人，"同事于德拍着张谦的肩膀，"你这样活着有意思吗？"张谦有些奇怪，自己乐在其中，怎么就没有意思了呢？而且，不仅于德觉得他没意思，其他同事也经常打趣他的作息。

不过，很快大家都不嘲笑张谦了。

因为作息不规律，大家都出现了不同程度的健康问题，有的体重飞速上涨，有的脱发严重，还有的皮肤暗沉，消化系统也开始变弱。

张谦从"最无趣的人"变成了"最自律的人"，也成了大家的榜样。可是，大家很快便发现了自己与张谦的差距，那就是他们根本无法改变自己已经养成的习惯。

相信大家身边总有一个像张谦这样的朋友，他们作息很规律，饮食也很规律，平时没有什么不良嗜好，看上去自律又健康。可是，当我们也想过上如此规范化的生活时，却发现自己完全不能适应，这是为什么呢？

原来，心理学家早就公布了一组数据——我们每天能掌控的事情只有5%，剩余的95%其实都是不可控的。也就是说，我们想变得自律，但如果之前没有养成习惯，即便看了什么鸡汤文章，也不过是打了一针鸡血，只是短暂地提升了意志力和焦虑感罢了，根本无法维持多久。

所谓规范化生活，就是每天都在相同的时间里做同样的事。比如高中时期，即便学习辛苦，我们也能在老师和同学们的监督下坚持下来，可一上了大学，我们失去了强有力的外部监督，于是很快出现惰性，让我们变得不再刻苦勤奋。

所以，要养成潜意识中的习惯，就必须规范化地执行既定任务。而且，自律并不是短期线性工作，我们需要循序渐进，养成一个习惯后，才能继续培养下一个习惯。

　　总之，自律绝不靠痛苦的坚持，而是要靠我们用潜意识去完成，希望大家都能成为一个自律的人。

自律人生不浮躁

李奕帆马上就要结婚了，可越临近结婚，她的脾气越大。

一天，她突然觉得家里的白色枫木餐桌很好看，于是对老公说道："你去把桌子挪到客厅吧。"老公随口说道："餐桌哪有放客厅的，就放餐厅吧。"

没想到，这句话彻底把李奕帆的情绪点着了。她立马连珠炮似的说道："你是故意跟我作对吗？我说放客厅就放客厅，你为什么非要摆在餐厅？谁规定餐桌就必须放在餐厅？"

看着李奕帆暴躁的样子，老公有些纳闷，但还是不失幽默地说道："桌子放客厅，咱们端菜可就'山长水远'了啊。"

谁知，李奕帆立马把手里的抱枕摔到地上："我不结婚了！"

这下，老公可被李奕帆吓住了，他忍不住吼了句"你神经病啊"，李奕帆顿时嚎啕大哭。接下来的几天，老公都避免跟李奕帆正面接触。为了不触碰李奕帆的敏感神经，他甚至从房间搬到了客厅。

看着老公躲避自己的样子，李奕帆在屋里难过得直哭，

　　心里也满是后悔：为什么快到结婚的日子了才争吵？早知道
不合适，这婚就不结了！

　　李奕帆是患上了"婚前焦虑症"。在人心日渐浮躁的今天，婚前
焦虑症已经变成了大部分情侣的通病。

　　不只是婚前焦虑，现如今，各种各样的焦虑都让我们心神不宁。
而这些焦虑的根源，归根结底还是我们的内心太过浮躁。当问题出现
时，我们不会条件反射地想办法解决，反而会出现一系列"应激反应"。

　　如果这些小情侣能平心静气地反省自己，做些譬如打扫打扫卫生、
写写东西等小行为，就会让情绪稍微缓解。可是，浮躁蒙住了他们的
眼睛，也让原本美好的婚姻蒙上了一层阴云。

　　不只是婚姻，我们工作、生活中也总会遇到焦虑的事情。

　　比如每次去公司前，都会觉得头昏脑涨，觉得有一堆工作要做。
尤其踏进公司的一瞬间，更是感觉提不起精神来。当同事问自己工作
进度时，我们就感到一阵头痛，甚至有莫名的恐惧感。可是，一到下
班的时候，我们就像中了彩票一样高兴，恨不得马上坐到电脑前打一
把"英雄联盟"或"赛博朋克"。这就是典型的工作焦虑，其背后的
原因，无非是对工作没有一个正确的态度。

　　工作时，我们会因为能力不够、拖延、抵触等，产生一系列的焦
虑问题。而其中，最有可能让我们产生焦虑的，就是工作上的"小尾
巴"。所谓工作"小尾巴"，就是我们没有处理完的内容，当我们拖
着尾巴回到家，那自然会产生焦虑、忧虑等情绪了。

　　最近，即将毕业的大学生卢家胜失眠了。

　　大学头三年，大家都是凭着成绩说话，可第四年，大家开始凭着简历和经验说话了。虽说大学就算半个社会，但毕竟还是象牙塔。里面的大学生们，大多也是成人面孔、孩子心态。

　　马上要步入社会了，谁的心里不紧张呢？

　　卢家胜经常在宿舍里走来走去、搓手顿足，一副心神不定的样子。甚至在出去吃饭、聚餐的时候，也会不停地抖腿搓手，小动作不停。他也不知道自己为什么会这样，事实上，不仅是他，就连他身边的朋友们，也都是一副焦虑的模样。

　　毕业聚会上，卢家胜的好友唐鑫喝得有些多。他一直在哭，一边舍不得毕业，一边焦虑后悔，周围同学们都在劝他，但他还是抱着头，满嘴"百无一用是书生"。

　　看着唐鑫的样子，卢家胜心里也不好受。他每次参加双选会，都会让自己挫败感增加几分。现在，卢家胜对步入社会非常焦虑，也对自己的未来非常迷茫。

　　未来究竟该怎么走？他们陷入了深深的焦虑中……

这种毕业焦虑是大部分大学生都有的，因为他们对自己的人生没有规划。前期可以在老师、父母的督导下按部就班地学习，可大学毕业一切都要靠自己。

"天哪，真的好不想毕业，一毕业就等于失业！"

"我大学期间成绩不错，为什么收不到心仪公司的 offer？"

"谈了四年的女朋友，一毕业就要跟我分手，我真的好焦虑啊！"

……

很多毕业生都会面临这样的问题，有些人甚至焦虑到内分泌失调、失眠多梦、便秘腹泻，严重影响了生活。其实，这些都是可以通过自律解决的，只要前期多投入一些，后期就会更轻松一些。我们只要定好自己的目标，做好该做的努力，自身的焦虑感就会减少很多。

当今的社会是个浮躁的社会，而焦虑则是浮躁衍生出的产物。

"不满于现状，且急迫地想改变现状""羡慕别人的生活，并蠢蠢欲动""总喜欢找捷径""经常因为小挫折放弃""过高估计自己"，当我们出现上述五条状态时，就说明我们的心态已经变得浮躁了。当我们浮躁起来时，焦虑等情绪便会接踵而来。

要想打破浮躁的生活，我们就要让自己学会"静下来""慢下来"。我们需要减少如抖音、微博、公众号等外部信息的干扰，因为这些东西会将我们内心的渴望一点点引诱出来，从而让我们变得浮躁暴躁，一边幻想自己逆袭，一边打乱了原有的生活步调。

在静下来后，我们需要仔细审视自己，找出自己的不足之处，并根据自身情况，制订一套真正切实可行的方案。比如对嗜肉如命的人来说，一下子不吃肉是不可能的，我们只能每天减少一点肉食的摄入，循序渐进才能成功。

除此外，我们还需要增加自己的阅读量。要想在浮躁的日子中慢下来，读书是最快捷有效的方法。就像杨绛先生说的："你的迷茫不作为，就是想的多做的少，多读点书。"所以，我们不妨在闲暇时捧起书本，仔细读上一番。这不仅能磨砺我们的心性，也能增加我们的见闻。

总之，我们若想告别焦虑，那唯有用自律打破浮躁，因为自律会给我们更多的自由，也会让我们过上更充实舒适的人生。

一次只做一件事，自律也要有节制

赵晓哲最喜欢一心多用。

比如一边跟朋友们玩剧本杀，一边写稿子。可是，赵晓哲只是个比一般人稍微聪明点的普通人，他的心智根本不足以一心多用。最后，每当赵晓哲是"凶手"时，大家都会立刻把他揪出来，每当赵晓哲不是"凶手"时，大家也都会先把他投出去。不仅这样，他的稿子也写得前言不搭后语。

再比如他喜欢在看综艺的时候做打卡表，可是他总会错过关键部分，不停地往前调进度条，而且，他打卡表上到处都是墨汁，有的格子也被数错了。

赵晓哲总听人说，应该利用碎片时间同时做两件事，可是，怎么让他同时做好两件事就这么难呢？

在这个飞速发展的时代，人心也变得日益浮躁不安。

为了更高效地利用"碎片时间"，不少提倡时间管理的人都提出了"同时做两件事"的观点。比如"边洗漱边听英文广播""边运动边听英语""上厕所的时候打电话"，等等。

虽然利用碎片时间的想法是好的，可并不是所有的碎片时间都要被利用，如果每件事都要一心多用，反而会取得相反的效果。何况，并不是所有事情都能利用碎片时间完成。就拿做报表来举例，做报表原本就是个复杂的工作，哪怕我们静下心来，也很难保证这些数据不出现错误，更何况是一边做其他事，一边做报表。

其实，最要紧的不该是一心二用，而是应该一次只做一件事，这也与自律的要求是一致的。自律就是让我们活在当下，享受当下，而享受当下最要紧的便是不可一心多用。

很多人在吃橘子时，都会先剥第一个，然后在吃第一个的同时再去剥第二个。但真正懂得享受当下的人，都是剥好第一个橘子后，将橘子一瓣一瓣地放入口中，感受橘肉是酸还是甜，是冰凉还是温热。

很多人喜欢一边工作一边听歌，但大部分人都会被音乐干扰，反而让工作更容易出错。

很多人喜欢在运动的时候背单词，结果却是运动分了背单词的心，背单词又分了运动的神。1小时过去了，身体没有出现酸痛感，单词也没怎么记住。

其实，这样的例子在我们的生活中比比皆是。一心二用不但不能给工作、生活增添仪式感，反而会让我们原本就浮躁的心变得更加焦虑。我们需要放慢脚步，做好每件事，感受每件事，这样才能在快节奏的生活中保持本心。

当我们感到迷茫时，不妨放下手机，尝试每次只做一件事。吃饭的时候，我们就安心吃饭，不要一边吃饭一边看电视、玩手机；工作时，我们就全身心地投入到工作中，不要一边工作一边吃零食，或者一边工作一边刷微博。

生活本就是一种学习，一次只做一件事更是一种学习。我们不要高估自己，也不要太过自负，好好做事，活在当下，其实就是最好的自律方法。

一场疫情让网课成了热门词。因为网课不受时间、地点的限制，所以学校、公司等都喜欢用这种形式继续疫情前的生活。梁璐也想利用空闲时间多学点东西，于是就报了插画班、手作班、英语班和理财班。

课程刚开始时，梁璐踌躇满志，每天都按部就班地完成上课任务，而且能保质保量地把作业交上去。后来，随着课程难度的提升，梁璐发现时间越来越不够用了。为了能把所有课程的作业都做完，她开始忽略质量，只凑合做完就算了。再后来，梁璐连作业都懒得交。

"有这个时间，我多躺会儿不好吗？我去跟朋友逛个街不好吗？我去吃顿大餐不好吗？干吗非要把自己逼得这么累呢？"梁璐看着镜子里的自己自言自语道。

就这样，梁璐放弃了所有网课，重新回到了以前"悠闲"的生活。

如果梁璐能换一种方式，相信就会收到良好的效果。我们需要的就是认定一件事，然后反复坚持下去。专注做一件事的人，会集中精力把眼前的事做好，而好高骛远的人，只会"这山看着那山高"，最后什么也做不成。

曾国藩曾说"求业之精，别无他法，曰专而已矣"，古人也有"艺多不养身"的谚语，如果我们什么都想学，那结果很有可能是什么都学不成，如果我们同时做太多事，那结果很有可能是什么都做不好。

管理学大师德鲁克说："大多数人即使专心在同一时间内只做一件事，也未必能做好，如果在同一时间内做两件事，那就更不必说了。"所以，我们需要有目的、有选择、有计划地专注一件事，做好一件事，才能有所收获。

所以，每次只做一件事，从细小处落实这件事，就能比平时更节省时间，效率也会比平时更高。正如英国著名思想家、政治家约翰·洛克所说："学到很多东西的诀窍，就是一下子不要学很多。"不要抱怨自己的效率低，把事情一件一件地完成，你就会感受到自律带给你的好处。

不吃与不停吃，突击式自律不可取

为了减肥，刘娇娇真是拼了。

从起床睁眼那刻她便水米不进，一直拖到中午，饿到两眼昏花后，她才肯吃几口生菜，来打发一下不断抗议的胃。她说，"我要月瘦二十斤，这次是认真的。"

同事们劝她："别这样，干吗折腾自己，健康比什么都重要。"

刘娇娇咬着牙："一个女人，连身材都管理不了，还谈什么自律？"

三日后，我在烤肉店见到了她——点了四盘牛肉、一盘鸡翅，还要了一份炸鸡啤酒套餐。我跟她打招呼："不减肥啦？"

刘娇娇嘴里塞满了肉，含混不清地说道："职场女人，谁关心你的腰围是多少，还不是只看你的业务能力。生活这么苦，我得好好犒劳下自己。"

爱美之心人皆有之。为了尽快穿上"S"码的衣服，为了尽快学懂理财，为了尽快变得优秀，很多人都被蒙住了双眼，踏进了"伪自律"的陷阱中。

其实，好的自律从来不是盲目的。它不应该是突击式的，而应该是一种习惯，就像我们呼吸、吃饭、睡觉一样简单自然。可随着生活节奏的变快，人们的"自律心"仿佛也坐上了快车，非要用"短期内变得非常优秀"来证明自己是自律的。

可自律的目的并不是证明给别人看，而是为了变成更好的自己。可为了变成更好的自己，地基不打牢又怎么行呢？

村上春树在《我的职业是小说家》一书中提到了自己的生活习惯——早睡早起，健康生活，日复一日地慢跑，自己做蔬菜沙拉吃，每年都要参加全程马拉松，不定期参加铁人三项。

他的生活比大多数人都简单、规律，在他的生活里，几乎只有写作、运动和音乐，但他过得比大多数人都快乐富足。由此可见，村上春树的自律是为了自己，而不是为了向周遭人证明些什么。自律让他舒适，让他快乐，这就够了。

从上述例子中我们不难发现，在做一件事前，人们至少需要具备两个条件——第一，目标明确；第二，循序渐进。只有保持在适合自己的节奏上，并愿意根据具体情况进行调整，这样的自律才算是真正的自律。

一个真正想自律的人，会先审视自身情况，并时刻提醒自己什么可为、什么不可为。自律就像用蜡铸就的翅膀，我们可以靠自律起飞，飞得很远，但如果飞得太快，太接近太阳，翅膀就会融化，反而会摔得很惨。

在盲目自律前，我们不妨认真想想，对自己最重要的事是什么。

减肥是为了健康还是为了一条 "S" 码的裙子？背单词是为了充实自己、等待机会，还是为了在朋友圈打卡炫耀？一定要穿 "S" 码的裙子，熬夜背单词，强迫自己每天看三本书……这些看似自律的目标就像一针鸡血，让人神志不清地做了决定。这就好比好高骛远地看着远方走，却从未想过如何走好脚下的路。

就拿减肥这件事来说，要看一个人是真自律还是 "伪自律"，其实看她对待美食的态度就可以。如果她觉得自己身材不好，想要靠节食来减肥，那就要看看她每天都吃了些什么。

在一档综艺纪实节目中，35 岁的小金因身材而备受歧视，为了改变现状，她尝试了各种减肥方法，节食、吃减肥药、健身……没有一种方法让她成功减肥。

对着节目镜头，小金哭笑不得地说道："我已经很自律了，尝试了这么多方法也没有用，我就是个连喝水都会胖的人。"

为了找到小金减肥失败的原因，节目组在小金家安装了一些摄像头，并且安排专人 24 小时跟拍小金的生活。本以为这些工作只是徒劳，但想不到节目组轻松便找到了小金始终瘦不下来的原因。

这天，小金早早起床，她的早餐是麦片和牛奶，健康又营养的选择。然而，在观看早间新闻这段时间，小金却连续吃了三碗早餐，随后看麦片没剩多少，她又索性将所有麦片和牛奶倒在一起，吃了下去。

小金一早上吃掉了别人一周的减肥早餐，这还没完，吃完麦片后没多久，她又从暖炉边拿出五个地瓜，有滋有味地吃了起来。手边的东西都吃完后，小金开始躺在床上做腿部运动，但没抬两次腿，她便起身不知从哪拿了一袋坚果，吧唧吧唧地吃了起来。

　　到了上班时间，小金前往商场上班，一上午都没再吃其他东西。中午时分，小金拿出自己的午餐，是煮鸡蛋，不是一个，而是九个，小金一口气便吃光了这九个鸡蛋。晚上下班，小金肚里的鸡蛋早就消化干净了，她又跑到超市买了几根巧克力能量棒，坐在超市门口吃了起来。

　　到这里，节目组和电脑前的观众应该都知道小金减肥总是失败的原因在哪里了，小金却依然一脸茫然。她很疑惑，自己吃的麦片、牛奶、坚果、鸡蛋都是减肥食品，为什么别人吃这些东西能瘦下来，自己却越吃越胖？

　　小金的情况就是一种典型的"伪自律"表现，在她看来，减肥零食并不属于零食，吃这种零食是有助于减肥的，吃多吃少体重都不会增加，那为什么还要让自己饿着呢？而她眼中的自律就是不吃其他零食，但减肥零食可以多吃，这种"自律"要比不自律更加可怕。

　　一个人如果知道自己不自律，他可能会用一些精力和努力去改变这种不自律；但一个人如果明明不自律，却始终认为自己很自律，那他就永远不会想着改变，他会在"伪自律"的泥潭中越陷越深。

　　小金将减肥食品当成其他零食的替代物，并没有主动去控制食量，依然按照不自律的饮食习惯去减肥，自然也就没办法成功了。

　　这种"自律"更像是一种表演出来的自律，我每天都吃减肥食品、我每天都看书、我已经一周时间没打游戏了……鉴定一个人是否真的自律，不能仅从上面这些说辞去判断，而要看这些说辞背后，他们究竟是怎么做的。

每天都吃减肥食品，但每次都吃到撑；每天都看书，却一点没看进去；一周都没打游戏，却满脑子都是游戏画面……这些"自律"背后其实隐藏着种种不自律的行为。

在日常生活中，还有很多像小金一样的人，在"努力"过着"伪自律"的生活。他们知道自己不够自律，所以寻求各种方法想要变得自律，利用减肥食品进行节食，是一种饮食自律的方法，但如果应用不当，很可能会起到反作用。

在综艺节目中，明星经常会分享自己的减肥食谱：水煮菜叶、白开水、半个苹果……只靠这些食物，吃好是不可能的，吃饱也有些费劲，既吃不好，又吃不饱，人自然就瘦下来了。看样子，这似乎是一种饮食自律的好方法。

但实际上，这种饮食方法虽然能让人的体重迅速降低，但与此同时，它也会使人体的免疫能力随之降低。缺少足够营养的摄入，人体无法维持正常的生命活动，严重的还会引发各种致命疾病。这种以身体健康为代价的"饮食自律"也是不可取的。

真正的饮食自律应该以健康合理的饮食习惯为主导，吃多吃少要视自己的身体条件而定。如果只是为了让自己身材更好，而选择控制饮食，那就要掂量掂量自己的实际情况。

选择节食本就是一种改变饮食习惯的方法，在具体操作时，更是要循序渐进，逐步调整自己的饮食结构，这样一点一点积累起来的饮食习惯，才是真正的自律。

第五章

把时间用对地方，
别只是看起来很忙

抓住自律的每分钟，而不是每分钟都自律

知乎上有这样一个问题：

自律是把生活中的时时刻刻都安排得非常紧凑，一点娱乐时间都不能有吗？

有人回答，的确有人能做到，而且他们也非常优秀。但这样的人，仅仅是极少数。这种自律对于生活中大多数人来说，是没有意义且很难坚持下去的，每一个普通人都不太可能把自己逼成这样。

除了满足生理需求而必须进行的事项外，将其他一切时间都用在工作、学习等有关的事项上，不给自己一点懈怠的时间，这种极端的自律必定非常有效，却不适用于我们。

一方面，这需要强大的精神力量和信念做支撑，这不是每个人都能轻易产生的，有些事情别人能坚持下去，而你可能一天就会崩溃；另一方面这需要欲望和能力的相匹配，空有一腔热血，没有相应的能力，也不能够达到这样的状态，比如一个人每天不停地学习却无法快速将学到的内容吸收理解，那又有什么用呢？

简单地说，我们做不到这样，同时也没必要做到这种地步。

所以，对于我们而言，无须达到每分钟都自律的境界，只要把握好自律时间里的每一分钟即可。

要说张青最羡慕的人是谁，以前的不知道，现在绝对是韩亮。

韩亮是张青的工作搭档，两个人接触有一段时间了。之前，两人不熟悉的时候，张青就已经注意到了韩亮，韩亮工作很认真，业绩也总是遥遥领先。当时，张青就在心里想，韩亮肯定是那种自律到"变态"的人，生活内容极其单调，除了学习就是工作，不会浪费一点时间。

在近距离接触韩亮前，张青一直是这样认为的。然而，就在他们搭档了一个星期后，两个人已经熟悉了，一天下班，韩亮突然问张青要不要出去喝一杯，顺便散散步或者看个电影之类的。

张青非常诧异，一激动将心里话说了出来："你，你还看电影？我以为像你这样的人，下了班就会以百米冲刺的速度回到家开始背单词呢。"

韩亮白了她一眼："大姐，我又不是机器，工作一天我也很累的，别说看电影了，我还会打麻将、玩游戏呢，我的娱乐项目可多了。"

"真是不可思议，你不是很自律吗？怎么还会做这些'堕落'的事情？"张青满眼疑惑地望向韩亮。

"做这些事情就是堕落？那你觉得自律就该不停地学习、工作，不能有娱乐的时间呗？"

张青点了点头："我是这么认为的。"

"那你说，工作十个小时，平均效率是1，和工作两小时，平均效率是10，哪个更厉害？"不等张青回答，韩亮又说道，"自律并不意味着每一分钟你都要去做那些有价值的事情，有时候放松一下，娱乐一下，反而能找到更好的状态，然后到重要的事情上让自己全身心地投入，以更高的效率进行。"

每天，我有工作和学习的时间，但同时我也可以娱乐和放松，既要努力地工作，也要充分地休息。

哈佛大学的学子们推崇的也是劳逸结合的学习方式，玩的时候会忘乎所以，学习的时候更能做到两耳不闻窗外事，对于学习，他们态度虔诚而认真，有着绝对的高效率，而对于娱乐，他们也绝对不会敷衍，常常玩得尽兴，玩得疯狂。有时候前一天还在通宵狂欢，第二天就可以把自己关在图书馆，"不问世事"。

该学习、工作的时候，心无旁骛，与世隔绝；该玩的时候，尽情释放，这才是正确的方式，一味地苦读并不能够保证学到更多的东西，反而会消耗精力，浪费时间。

上述内容也可以概括为，要想自律，就必须懂得时间管理，时间管理是自律的前提。

时间管理和珍惜时间是完全不同的两个概念，珍惜时间强调的是不浪费时间，而时间管理则是如何高效地利用时间，知道什么时间做什么事最有效率，知道该去如何安排那些看起来又多又乱的事项。

时间管理的目的是实现时间的最大化利用，使人能够达到"搞定一切还能玩"的状态，而不是一直忙忙碌碌，看似刻苦努力，实际上没有什么成效。

当我们将自律和时间管理结合在一起时，每一天的生活条理就会更加清晰，我们不仅能够超额完成任务，还会有更多的时间用来丰富业余生活，拓展个人爱好。

为自己设定一个自律的期限

"大救星，你可算来了，我需要答疑解惑。"张宁一到公司，就被安安扯住了胳膊。

"怎么了？什么事情让你这么迫切？"张宁一边脱外套一边问道。

"你说我每天早上背十个单词,这算是自律吗？"安安问。

"当然不算了,要我说,这只是通往自律路上的小小一角,算不得自律。"张宁回答。

"那什么才是自律呢？"安安问。

什么才算是自律呢？每天在同一时间段做同类型的事情？每天都过得很充实，能把计划中的事情都完成？按点吃饭睡觉、起床、工作……琢磨了半天，张宁也没有想到合适的词句来解释。

提起自律，我们好像都不陌生，但真要去解释，很少有人能说得明白。

仔细想一想，自律其实也是一个相当空泛的词，和梦想、希望、心灵一样，包含的内容有很多，却无法用具象的事物去解释，无法让人获得具体的概念。

新东方名师李笑来在其书籍中曾提到：语言学家认为，如果我们脑子里对于某件事情没有概念的话，我们的大脑就倾向于不想那个事情。

语言对人有着强大的塑造功能，很多事情，我们能否推进，能否正确思考，如何确定思考范围，都是源于语言的影响。如果我们不能用自己的语言去理解某件事情，那么这件事情将很难开展下去。

这也是为什么，我们迫切地想要自律，却很难达成自律。

到这，有人或许就会说了，既然一切都源于概念，那我们把自律理解透彻了，所有的事情不就迎刃而解了。

逻辑上没有问题，但是要理解自律并不是一件简单的事，因为不管是何种解释，延伸到最后都会指向同一个问题，那就是：你究竟想要什么？

换言之，我们之所以很难养成自律的习惯，就是因为不知道自己想要什么，对人生没有一个清晰的认识和规划，也因此没有强大的信念支撑着我们去完成这个颇具挑战的事情。

大家都知道，要弄明白自己究竟想要什么，也不是一件易事，否则哪来这么多迷茫的人，这个问题的答案并不是仅靠想就能想到的，很多时候，是伴随着不断经历才越发清晰的。

要达成自律就必须弄清楚自己想要什么，但弄清楚自己想要什么又需要去不断地经历，这样看来，我们似乎陷入了一个死胡同。

别着急，事情还有另一种解决途径。

不知道你有没有意识到，不管是自律，还是弄清楚自己想要什么，之所以困难，是因为要么涉及的东西太多，要么时间线拉得过长，这就导致我们很难找到一个依附点，来开展行动。

比如自己想要什么，金钱、学历、事业……我想要的东西太多了，而且一生的时间这么长，每个阶段我的欲望都不同，越想越觉得混乱，最后干脆放弃。

如果将时间线切短，将范围缩小，那么事情是不是就会明朗起来呢？

比如规定一个时间期限，30 天，然后问一问自己，这 30 天内，自己想做成一件什么事情，之后把这件事情在 30 天内细化执行。

对，就是你想的那样，这所谓的 30 天，就是你给自己设定的一个自律期限，你想在这 30 天内做成的事情，就是自律的主题，具体包含以下步骤：

（1）明确主题

进行内在冲动和长远目标的权衡和思考，了解自己的长处与弱点，设定力所能及的目标。

（2）细化目标

将目标拆分成具体的执行方式，也就是计划。还可以尝试可视化目标，即通过想象的方式，将完成分期目标的每一个方式、步骤，而不仅仅是行动结果，在脑海中进行"可视化"。

（3）做出行动

尽管这个步骤无须过多地解释，但在实际生活中，这往往是需要最多努力和自律的一步。

（4）为每一小步庆祝

我们需要庆祝自己取得的（哪怕只是一小个）成就。一方面，庆祝作为一种完成任务后的仪式，是一种"延迟的满足"，这本身就是"自律"的一种培养和体现，同时也是对所付出努力的一种自我肯定。

用这样的方式来开展自律，是不是就容易得多了呢？

或许还会有人问，那 30 天之后呢？

从某个角度来说，自律其实就是由一个个好习惯组成的，而一个好习惯的培养期限，就是 30 天。

30 天过后，虽然事情完成了，但是好的状态保留了下来，唯一变化的就是把习惯的具体内容转换一下。

比如之前是到某一个时间点看多长时间的书，那么现在就可以是到这个时间点背多长时间的英语。

或者 30 天之后，你觉得你之前所做的并没有达到自己的预期，那么就可以延续相同的主题。

在我看来，自律的核心并不是将计划付诸实践，更不是按时按点地完成某件事情，而是一种积极的昂扬的状态。

试想一下，如果你每天按部就班地做很多事情，早上 6 点起床，除却吃饭和午休，一直学习到晚上 10 点，然后像机器一样重复这样的节奏，日复一日。

这是自律吗？

当然不是，这和工厂车间的流水线有什么区别？每天重复着固定的流程，毫无生气和活力。

这就是状态不在线的表现，当你机械地重复做这些事情的时候，很快就会产生厌烦心理，紧接着就是放弃。

那么怎样才能避免这种情况，让自己满怀热情处于积极的状态呢？

这就要依靠目标和计划，且必须是短期目标和详细计划。

目标的作用是激起人开始做某件事情的欲望，计划存在的意义是，让人们在未知中，在不可控时，在颓废、焦虑状态时，能更好地找到进入点，安于当下的状态。知道自己应该做什么，何时着手去做，又于何时结束，给自己一个坚持，让自己免于陷入一种无休止的焦虑和恐惧的思维漩涡中。

但是，目标的激励作用和计划的规整作用很多时候只能维持一小段时间，像那种一眼望不到头的设想，即使非常宏伟，也很难一直让人追寻下去。

为自律设定一个期限，设定一个主题，就是出于这样的目的。

在短期可见的目标下，在详细的计划中，人们对自我的进步，对当下所做事情的进程都能有一个清晰的认知，不会陷入无方向的混乱中。

刷抖音、逛淘宝，时间都哪去了

这样的场景，我们或多或少都应该感受过：

早上睁开眼，习惯性地摸到手机，打开抖音、微博，想着只懒五分钟，却一不小心刷到了中午。

只要有点时间就会鬼使神差地点进淘宝逛来逛去，其实也没有什么要买的，就是单纯地喜欢这种"淘东西"的感觉。

伴随着"全军出击"的口号响起，在王者峡谷里奋战了一场又一场，打赢了想乘胜追击，输了不甘心要翻盘，总之，游戏世界进去容易出去太难。

晚上睡觉前，计划着看几页电子书，谁知拿起手机就失去了控制，从短视频串到新闻资讯，从购物跑到明星八卦，不知不觉间就到了凌晨。

……

于是人们纷纷感叹："手机真是有毒！""短视频真是有毒！""游戏真是有毒！""淘宝真是有毒！"一拿起就放不下，一刷就停不下来，一玩就控制不住自己，一逛就逛到地老天荒。

总是感叹"时间都哪去了"的你，回望自己的种种行为，是否有了清楚的认识？

我们对于自己即将拥有的时间总会有各种计划，尤其是空闲的独处时间，相信很多人都会在脑海中对自己的独处时间进行美好的幻想：

早上在和煦的阳光中醒来，穿上运动装到空气清新的林间小道上跑跑步，归来舒舒服服地洗个澡，做一顿健康又美味的早餐；午间，靠在舒服的沙发椅上翻看三毛的随笔或者任何自己喜欢的书籍，看累的时候听听音乐，做做瑜伽，又或插花、作画；下午，和老朋友小聚，或整理工作上的事情，最后在夕阳的余晖中结束这一天。

然而，不管多么美好的计划，真正到了执行的时候，都会被手机打乱。只要摸到手机，就别想做其他事情，逛会儿淘宝，看会儿视频，发个朋友圈，发个微博，而后等着被点赞，回复评论，时间就这样慢慢流逝，等你猛地回过神来一看，啊，太阳已经落山了。

但如果你以为消耗掉的只有时间，那就大错特错了。

总是被各种事情分心，不能静下来做事情，你的持续专注力时长将会越来越短。

微软公司在 2015 年时，曾做过一项有关专注力的研究，结果表明，人类的专注力在过去的 15 年间大幅下滑，2000 年时还能保持 12 秒，到 2015 年就已经缩短到了 8 秒，比金鱼还要短 1 秒。

　　研究人员指出，这与智能手机及社交媒体的兴起有关。要知道，2015 年时，各类短视频、游戏软件还并未普及，照这样推算，如今人们的专注力恐怕只能维持在 5 秒左右了。

　　这样导致的结果就是，你陷入了恶性循环，越是无法专注，就越是容易被各种社交媒体吸引，专注力时长就越短。将注意力打碎分给各个手机 APP，并不能让你获得有价值的信息，因为真正能够让大脑汲取营养的往往是那些需要高度且长时间专注的事，比如读书。

　　不停地漫无目的地进行一件事情，实际上是在透支精力，而非放松。

　　不知道你有没有这样的感觉，玩一天手机，明明什么重活都没做，却还是觉得很累。我身边有很多这样的人，工作了一周后，计划着在周末好好放松一下，最后却玩了两天手机，然后到了上班时觉得特别累，好像一点没休息似的。

　　当我们有明确的目标并为之努力时，那种确定感会减少我们付出的累感，因为我们是不焦虑的、不慌乱的。反过来，当我们漫无目的地闲逛时，就算不做什么，心中隐含的焦虑、痛苦也会消耗大量的精力去平复。

　　就像很多人在长时间刷抖音、逛淘宝时，内心是有所挣扎的，知道自己这样做是在浪费时间，这时，你大脑中喜欢偷懒的区域就会想方设法去压制这些企图反抗的想法，这就在无形中耗费了大量的精力，再加上进行这些活动本身所耗费的时间，定是一个庞大的数字。

　　过度消耗精力，还会伴随着头痛、恶心等不良生理反应，甚至有可能诱发疾病。也就是说，玩手机不仅不能缓解你的压力、身体累感，还会将其加重，影响你接下来的生活和工作。

事实上，大多数将时间奉献给手机和社交媒体的人，内心都不是自愿的，都知道这样做是毫无益处的，但为什么总是控制不住自己呢？

在行动前，大脑会给出两种反应，这两种反应将指导着人们之后的行为。

1.自我暗示：强调你计划做的事情比较难，要先做简单愉快的事情。

2.诱发反应：在做有获得感的事情的时候，大脑会产生多巴胺让你持续兴奋，沉迷于此。

而手机里那些社交媒体软件经过被相关研发团队设计，其功能设定切中的正是我们的要害，所以，很简单地，我们就上瘾了，就像是那些明明看到了"吸烟有害健康"却还是不停地吸烟的人。

理论上，任何一件事情都会让人上瘾，但是很少有一件事情会比玩智能手机上瘾得更迅速。记得听过这样一个例子，说的是一个极为自律的人，不相信短视频的推送威力，打算亲自试验一下，结果一刷刷了一上午。

不过，这也不完全是一件坏事，正是因为上瘾迅速，所以戒瘾也相对容易。

智能手机、社交媒体、手游的戒瘾方法，最有效果的就是避免接触。不打开、不下载、不触碰，只要坚持在物理距离上远离，很快就能从中抽身。

当然，就算是卸载了、关机了、远远地放起来，也不能够一劳永逸，因为你有无数个瞬间会想着再下载回来，再拿出来，再打开看看，稍不坚定就又会回到原地。

罗曼·罗兰在《约翰·克里斯朵夫》一书中写道："大半的人在二十岁或三十岁上就死了。一过这个年龄，他们只变了自己的影子。

以后的生命不过是用来模仿自己，把以前真正有人味儿的时代所说的，所做的，所想的，所喜欢的，一天天地重复，而且重复的方式越来越机械，越来越脱腔走板。"

罗曼·罗兰没有生活在智能手机横行的时代，但他这一段话一针见血地点出了年轻人的现状，如果你不想让自己变成机械的重复机器、空洞的行尸走肉，那么就从远离手机、不刷抖音开始吧，拒绝大脑给你的暗示和诱惑，坚定地去做你想做的事情。

自律的人"有所为有所不为"

周末，初夏刚起床就收到了好友曼文的微信消息："干吗呢？没事陪我出去逛逛。"

当初夏火急火燎地赶到约定的咖啡厅时，浑身散发着"疲惫"气息的曼文已经在"自酌自饮"了。

"你是想用咖啡灌醉自己吗？"初夏笑道。

"如果可以的话，我倒希望，来，一'醉'方休。"曼文给初夏也倒了一杯。

接下来的时间里，初夏得知了曼文如此无精打采的原因。

几个月前，曼文痛定思痛，咬牙结束了自己的颓废生活，开始健身、学外语、看书、学做手工……

可是这样持续了一段时间后，曼文觉得自己特别累，一点也没有享受到自律的快乐，她就安慰自己，是因为时间太短了，很多事情还没有成效，所以才会出现这样的感觉。

于是，曼文重拾信心，开始咬牙坚持。

然而，到现在曼文还是觉得自己一无所获，而且身心俱疲，变得更迷茫了。

"问题出在哪里了呢？"曼文困惑不已。

"嗯……我想我知道问题出在哪里了。"听完曼文的诉说，初夏想了想说道，"你是'用力过猛'了，我明白你想要快速改变自己的心情，但是这也不是一下子就能做到的，你给自己安排了太多的事项，而且这些事情在最初阶段都是非常耗费精力的，想一想你的精力平分下来到每一件事情上有多少。所以当刚开始的新鲜劲过后，你就会感觉体力不支，然后越来越敷衍了事，你觉得自己很努力了，其实不过走了走形式，所以到最后既没有收获什么，还觉得累得喘不过气。"

"唔，有道理。"曼文顿觉得豁然开朗，"那我是不是应该去掉一些事情？"

"这是必然的，先把你最想做的一件或两件事情坚持下来，在这基础上再慢慢添加。自律不是将一堆有意义的事情堆砌，而是将一件事情的最大意义发掘出来，事情在精不在多，有可为有可不为。"

各种事项一把抓，是人们在养成自律的过程中常犯的通病，尤其是由不自律向自律转变时，总想着把那些能够彰显出自己努力的、上进的事情都安排进来，学习、工作、锻炼、陶冶情操各个方面齐头并进，好像这样很快就能成为理想中的自己。

结果呢？过犹不及，事倍功半。

《孟子·离娄下》有言："人有所不为也，而后可以有为。"孟子强调，只有舍弃一些事情不为，才能集中精力做更重要的事情而后有所作为。

相反，如果事事皆管，事必躬亲，事无巨细，必定会把精力分散，到最后的结果就是忙碌一场却毫无作为。

我们常把自律与做有意义的事情联系在一起，甚至画上等号，但事实并非如此。世界上有意义的事情多如星辰，但人的精力是有限的，盲目地一把抓，不仅不会让你变得自律，还会让你反向行之。

我们常说，将时间用在没有意义的事情上是浪费，但是将时间用在有意义的事情上毫无重点，其实也是一种浪费。

因此，自律并不是机械的填充游戏，而是合理安排时间使其充分焕发活力。

信息大爆炸的时代，我们常常会听到这样的叹息：刷知乎、刷微博、刷朋友圈；看书、看新闻、看公号；听直播、听微课、听演讲。为什么我刷遍了知识性服务软件，不停地在学习，却感觉什么都没有收获，记不住，讲不出，更用不到，面对问题还是一脸蒙……

一味地接收所有的讯息，不做舍取，不进行过滤，好的坏的、有用的没用的、正确的错误的都将会被吸收在你的大脑里。杂乱无章的信息，很容易被遗忘，也很难被准确提取，因此你才会觉得自己学了很多，到头来却觉得毫无用处。

这和自律是一个道理。当你一股脑儿地将很多你认为好的事情全都塞进自己生活时，所谓的"自律"就已经变了味道，不再是以"积极自由的美好生活"为目标，而是如何将自己的上进努力彰显出来，就像一席爬满虱子的华美衣袍，徒有看起来正能量的外表，实则内在空虚混乱。

"鱼，我所欲也；熊掌，亦我所欲也，二者不可得兼"，一言以蔽之，自律者，要有所为有所不为，更懂得什么事该为，什么事不该为，哪些事先为，哪些事后为，懂得变通和坚守，懂得如何将时间最优化配置。

那么，我们应该怎样将这付诸实践呢？

一种方法，可以从近期你最想改变的方向入手，为自律找一个切入点，然后全身心地投入其中，暂时将其他不紧急、必要的事情刨除在外。

比方说，如果你在准备外语考试，那么自律就先从学习这门外语开始；如果你觉得最近工作很吃力，那么自律就从提升工作能力开始；如果你想瘦一瘦肚子，那么自律就从做仰卧起坐开始。

在你将做这件事情内化为习惯后，就可以酌情添加其他事项。比如你计划每天晚上学习十个英语单词，一段时间后，你养成了习惯，每到规定的时间点就会下意识地去背单词，无须再消耗精力强迫、要求、提醒自己去做这件事，这时候，你就可以再添加想做的事项。

当然了，即使是逐步添加，也是有上限的，仍旧要有所为有所不为。

另一方面，要懂得拒绝。

很多时候，面对他人的求助或要求，我们即使不愿意也不知道如何拒绝。乐于助人是好事，但在影响自己的情况下，拒绝才是明智的选择。总是迎合他人不仅会影响自己的节奏，还会招致更多的事端，所以这一方面也要有所为有所不为，尤其是对于正在自律养成路上前进的你而言，要尽量把精力和时间都放在自己的事情上。

自律的人，知道自己想要什么，因而有所为有所不为，懂得取舍，懂得放弃该放弃的，坚持该坚持的。

活用碎片化时间，让自己更自律

马上到下班时间了，大家都不约而同地关上了电脑，坐等着那一刻的到来。李洋环顾了一周，发现只有田梦还在埋头"苦干"。

"你看你看，田梦又在那假装刻苦工作呢，也不知道在做给谁看，再说就这几分钟能整出个什么花样来？"李阳戳了戳旁边的同事，两个人露出了鄙夷的神情。

"你没见上次，中午休息的时候我想下楼买杯咖啡，当时你们都不在，就她自己，我就想让她跟我一块去，结果你猜人家怎么说，'什么，不好意思啊，我这刚看了一本书有一些感受想写一下，一会上来我怕忘了，所以就不陪你去了'，就显着她自己用功好学了，真是的。"另一个同事听见了，也添油加醋地吐槽道。

"就她好学，就她自律，但也没看到比我们强到哪去啊，是吧？"李阳故意将声音提高了些。

一天，部门经理宣布了一个重要消息，公司计划开展一个非常重要的项目，他们部门的项目负责人由田梦担任。

"凭什么呀？为什么让田梦担任这么重要的职务。"散会后，李洋找到经理抗议道。

"你呀，可真是让'仇恨'蒙蔽了双眼，你跟田梦不对付不假，但是你也不能因此否定人家的能力啊，拿着你俩的总结报告、业绩表、出勤记录比对比对，你就知道为什么让她当负责人了。人家田梦几乎把所有的空闲时间都用在了工作和提升自己上，连几分钟的时间都不肯放过，你呢？"

经理几句话，让李洋哑口无言。

1分钟、5分钟、10分钟，这么短的时间能干点什么，和人的一生相比，和一件伟大事业的巨大工程量相比，这点时间的确什么都算不得，什么都做不了。

但别忘了，高楼大厦也是起于一砖一瓦，浩瀚大海也是源于千万溪流的汇集，几分钟的时间看似很少，能做的事情也寥寥无几，可要是利用好，成年累月地积累下来，未尝不是一幢时间大厦、一片知识海洋。

更重要的是，碎片化时间的利用，也是促进自律的关键环节。

在如今碎片化快节奏的生活中，我们的时间系统每天的运行都会产生大量的零碎时间，这里所说的零碎包含两个方面，一是主观原因，比如因为临时性的工作导致思路的中断；二是客观原因，比如因个人的时间安排导致的事项间断。总之，一天下来，时间很难被凑成比较大的整块。

生活中，几乎处处都是碎片化时间，比如等公交的时间，坐公交车、等人、排队、走路的时候等，在做这些事情的时候，你的注意力可能会被随时打断，所以它的时间像是一小段一小段的碎片。

尽管零散的时间有很多，但是很多人依然没有把它们当回事儿，认为那一丁点时间做不了什么，但其实利用碎片化时间进行学习是一种高效的学习方法，对于个人成长有着非常重要的意义。

我们不妨来认真地想一想，1分钟能做些什么？

看一条简讯、搜索一个生僻字、拼写一个英文单词、摘抄几个好词句、提一个问题……

那么，5分钟呢？

读一篇文章、背三个单词、写一段影评、听一首歌、了解一个新概念……

可见，很短的时间里，也有很多事情可做，你觉得无事可做，不过是在为自己的懒惰和贪图享乐找借口。

当你真正将碎片化的时间合理利用起来后，你就会发现自己的时间一下子多了好几倍，生活也变得充实无比。

那么，碎片化的时间到底做什么才更有意义呢？

稍微长一点的时间，比如在公交车上、睡前，一般会有半个小时左右的时间，可以做看书、了解某一领域内容等有一定连续性的事。

短一些的时间，比如工作的空档、上厕所时，可以看几个有趣的句子、看一些科普视频，饭后，可以跳跳绳、练练瑜伽等。

需要注意的两点，如果你学习的是碎片化的知识，那么最好隔一段时间就进行一次总结，将单个的知识点归纳到一类，最终形成自己的知识体系，否则，将毫无用处；最好将同一个时间段所做的内容统一化，比如中午休息时间看一篇干货，那么，就尽量在每个午休时间都这么做。

实际上，碎片时间具有承上启下的作用。一天当中，时间会被切割为几个大块和一些小块，大块的时间多用于工作或者学习，而小块的时间则起到的是延续和调节作用，打个比方，比如上午的工作中，你有一些问题没有解决，但没有必要占用工作时间，那么就可以在午间休息时查阅资料、请教别人来解惑。再比如学习了一上午很累，那么午间就可以听听音乐、做做运动缓解一下，以便更好地进行接下来的任务。这也是利用好碎片化时间，促进自律的根本原因。

总的来说，碎片时间具体如何使用，要根据个人情况来定，但一定要跟你想做的、在做的有意义的事情有所关联，对提升自己有所帮助。

有句诗说"春来不是读书天，夏日炎炎正好眠。秋有蚊虫冬有雪，一心收束待明年"，若不想学习，任何时候都不适合学习，反之，即使天黑屋暗，也要囊萤映雪；即使春困秋乏，也要悬梁刺股。同理，想要自律，想要让自己变得更好，任何时间都可以利用起来，1分钟、5分钟的努力，在一天、一个月内可能看不出来，但是1年、10年呢？

对于普普通通的一滴水而言，数十年如一日地滴下，其实是它"打败"石头的捷径，对于同样平凡的我们而言，把握好每一分钟的时间，才有可能变得与众不同，正如"数字英雄"张朝阳所说："我就是平凡人，我没有发现自己与别人有什么大的不同。如果说有不同，那就是我每天平均除了7个小时睡觉外，其他时间都在工作。"

自律最忌"拖字诀"，该出手时要出手

"锻炼锻炼，我今天一定要跑 5 公里。"下班路上，王珊在心里想着。

回到家打开房门，柔软的沙发映入了眼帘，此刻的王珊多么想躺上去歇一会儿，可是以往的一幕幕又浮现在了眼前，昨天、前天她都是想着先歇一会再运动，结果这一歇直接到了第二天。

"不行，我要自律，我要改变，怎么能这么轻易地就被一张沙发打败呢？"这样想着，王珊打消了休息一会儿的念头，开始换运动装、运动鞋。

王珊正打扮自己时，手机响了起来，原来是微信好友发来了消息，她一一回复过后，突然想到了什么，又点进了新的页面。不知不觉中，半个小时过去了，王珊还在看手机，把跑步的事抛在了脑后，等她反应过来时已经将近 10 点钟了。

"哎呀，已经这么晚了，外面又冷又不安全，明天再说吧。"同样的借口又浮现在了王珊的脑子里，她索性直接换了睡衣躺到了床上，开始"舒舒服服"地玩手机，心里却想着：

　　"明天，我一定不能再这样了。"

　　可谁知道明天到底是怎样呢？

　　例子中，王珊这种表现就是典型的拖延。

　　一直以来，拖延都是以自律"头号敌人"的身份被熟知，但不幸的是，每一个人，包括那些成功人士、各界奇才都或多或少地存在拖延。

　　可以说，拖延早已不是个人的坏习惯，而是一个普遍存在的社会现象。

　　本质上来看，拖延是一种逃避主观痛苦的逃避机制。这种主观痛苦更确切地说是恐惧、乏味，来源于某件事情的进行过程以及悲观性的结果。

　　不难发现，拖延症患者所拖延的大多时候都是工作、学习、锻炼方面的事情，一般情况下，那些容易令人拖延的事情，满足以下特征中的一个或多个：

　　1. 开始即有难度

　　2. 过程枯燥且乏味

　　3. 总会让人沮丧

　　4. 缺乏内在奖励

　　5. 很难获得成功

　　这也是为什么很少有人会对看剧、看电影拖延，会对打游戏拖延，会对刷微博、逛网站拖延，因为开始做这些事情压根没有一点难度，你只需动一动手指，并且在进行的过程中，你能很迅速地获得某种快乐，那些精彩的打斗场面让你热血沸腾，喜欢的明星让你少女心泛滥，大量有趣的讯息让你应接不暇，旁人的点赞让你喜出望外，这让觉得自己获得关注，见识到了很多新鲜的东西，学习到了很多碎片化的知识，这些感觉又促发你坚定不移地进行这些事情。

这也是为什么一些人在某个时间甚至会对外出、逛街、上厕所等事情也产生拖延，相比于暖和的被窝，谁能说穿着单薄的衣服穿越冷飕飕的走廊以及到寒风刺骨的大街上不需要勇气呢？而学习、工作、锻炼方面的事项则要更复杂、无趣，它需要更多的勇气、决心、毅力，要忍受无比冗长枯燥的过程，还很难达到良好的结果。

于是，因为开始太难或者不想忍受毫无趣味的过程，又或者是害怕失败、害怕做不好，人们选择了逃避，而逃避的最佳方式就是拖延。

顾城有一首诗形象地道出了这个过程：

> 你不愿种花，你说我不愿看它一点点凋落，是的，为了避免结束，你避免了一切开始。

但是，拖延了就能解决问题吗？当然不能，而且还会使问题变得越来越大，越来越难处理。

在一件事情上拖延，结果大致可分为两种：一是临近最后期限，巨大的慌乱感使你"揭竿而起"，迅速潦草地将事情完成；二是面对一团乱麻的事项，完全崩溃，直接放弃解决。

当你一次又一次地重复这种行为，总是将一件事情拖到不能拖的时候再开始或者直接放弃，很快你就会沦落为重度拖延症患者，届时什么办法都将毫无用处，不要说养成自律习惯了，就连基本的生活你很可能都应付不好。

那么，我们要怎么做才能战胜拖延，实现快速出击呢？

老实说，战胜拖延不是一件简单的事情，想要快速改变，基本不可能。目前，书籍、网络等媒介上，关于改善拖延的方法并不少，有很多人也进行过尝试，但是为什么成效甚微呢？

关键还是在于拖延者本身的信念，到底是不是真的想要改变，到底有没有决心做到，如果有，按照一些要点执行，很快你就能看到效果，如果没有，任何方法都是无效的，因为一切外在的措施所起到的都只是辅助作用，它们所辅佐的就是你的大脑。

所谓要点，主要指以下内容：

第一，从现在开始，停止一切"大而空"的幻想。不要每天想着我是与众不同的，我一定能有所成就，世上人千千万，真正能被历史铭记的不过沧海一粟，你能做的只是尽量让自己开心而不潦草地过完这一生。

第二，放弃一切没有明确步骤的目标，不要在心里许愿：我要学会英语、我要练出腹肌、我要瘦身成功……这些都是无用的，不过是一个个模糊又吓人的口号。

真正的做法应该是，选择一个目标，进行长远规划，但是要分阶段，且每一个阶段都要有十分详细的步骤。

比如你要学会英语，那就把每一阶段用什么软件学、一天学多少内容、什么时间开始学等通通规划好；你要练出腹肌，就把前一个月做什么样的动作、做多少分钟，后面几个月做什么动作、做多长时间，都有一个大概的了解，把你要做的事情细化到每一天、每一次。在这里还需要注意的一点就是，要把第一阶段的任务设置得非常轻松，类似于微习惯的养成。

第三，在开始重要的长远目标之前，先把紧急的事情处理完毕。

无论是长远的还是紧急的，一旦你决定开始做一件事情，就不要想太多，尤其不要想结果，不管是畅想目标完成后的轻松惬意还是失败的痛苦沮丧，都不要去想，只管去做，去享受过程。

当然，这并不是一件容易的事情，因为这个过程的确没什么可享受的，与此同时你大脑中那个痴迷于及时享乐的"怪物"会一次次地诱导你去玩游戏、逛网站、看电视剧，但请相信，每当你有这样的心思时，也正是抵御那个"怪物"的最佳时机，坚定信念，向着反方向来，度过了这一瞬间就会轻松很多。

第四，不要在潜意识里为客观的事情贴标签。对于我们大多数人而言，看剧、刷微博是快乐的，而工作、学习就是痛苦的。而实际上，任何一件事情都是各种感受的综合体，只不过是我们在某段时间内产生了的一种主导性感觉，随后就用这一种感觉来笼统地指代这件事情。

换言之，你觉得学习痛苦是因为你还没有到达学习产生快乐的阶段，你觉得游戏、微博好玩是因为暂时掉进了营销的套路中。不可否认，学习、工作的快乐要付出很多才有可能感觉得到，通过娱乐性的事项却可以毫不费力，但从长远来看，前者可以受益终身，后者只是暂时性的且会引发人的堕落。

第五，远离手机、网络。毫不夸张地说，现代人生活的绝大部分都在被手机和互联网占据着，没有它们，我们将寸步难行。也正是如此，我们自然地将玩手机、网上冲浪当成了一项近乎于本能的事情。

当我们要去跑步时，听到了手机铃声，于是想都不想就会拿出来看一下，接着慢慢被吸引到手机的世界里。当我们要正式开展一项工作前，如果没有把所有的社交平台刷一遍就会觉得缺点什么东西，非要确认没有消息后才能开始。总之，很多时候我们的拖延就是在被手机和网络引领着。

所以，除了必要的联系、使用，请渐渐地远离你的手机，特别是在进行你的计划时，最好将手机放得远远的，也不要登录任何社交网站。

拖延虽然难以战胜，但往往转折点就在你伸出手的那一瞬间，别总是在脑子里想，勇敢地去做，才会有更多可能。

第六章

乐观是自律的底色，
不发脾气才是真本事

99% 的烦恼都是庸人自扰

相传，在春秋时期，齐国有一个胆小又有些神经质的闲散之人，经常会琢磨一些奇怪的问题，让人觉得不可理喻。

一天晚上，他吃过饭，到门口乘凉，无意间望了望天空，随后就产生了一个莫名其妙的念头：天这么大，要是有一天塌了可怎么办，我们往哪里逃呢？

此后，他每天都在想这个问题，并为之烦恼忧虑，甚至茶饭不思，以致精神恍惚、身形憔悴。

朋友、邻居看到他如此模样，还以为出了什么大事，纷纷前来安慰，可听到他说出前因后果，大家都面面相觑，只能劝说道："老兄啊！你何必为这件事自寻烦恼呢？天空怎么会塌下来呢？再说即使真的塌下来，那也不是你一个人忧虑发愁就可以解决的啊，想开点吧！"

但无论别人怎么劝说，他就是不听，一直沉浸在自己的烦恼中。

这个"杞人忧天"的故事相信大家都不陌生，且看来肯定感觉荒诞可笑，然而，现实生活中，很多人包括你我，都是故事中那个"杞人"。

你是否曾有过把自己气得半死的经历？或许是因为和他人闹了不愉快，或许是因为事情没有做好，甚至有时候只是因为看了一部电视剧。你是否有过无比忧心焦虑的时刻？可能是因为孩子成绩不好，可能是因为一件重要的事情，但也可能只是因为对未来的过分恐惧。你是否有过特别心烦意乱的时候？或许是因为一堆突如其来的变故打乱了你原本的计划，或许是一道难题挡住了你的思路，或许只是别人打扰了你的清净……

在这些事情刚发生时，你会被强烈的负面情绪裹挟着，你会觉得人生处处不如意，你会感到无比痛苦忧虑，但当事情过去，你再回过头去想时，就会发现，那时的一切并没有那么糟糕，自己的反应未免过激甚至可笑了些。

其实，很多时候，事情本身并没有那么严重，只不过是你内心赋予了它无数的烦恼成分，进而自己把自己困在了囚笼中，自怨自艾，自寻烦恼。

诚如《新唐书·陆象先传》所言："天下本无事，庸人扰之为烦耳。"人们总以为是一波未平一波又起的、乱成一团又一团的事情困扰着自己，一点点消磨着自己的信心、耐心，让自己无法抽身去追求真正有价值的东西。

然而，困住自己的哪里是事情本身，而是自己的内心，是自己看待事情的观念。换言之，困扰你的正是你自己，而不是外界的人和事。世界上有太多人钻进了自己制造的困境中还不自知，每天为一些微不足道的小事辗转反侧，耿耿于怀，让大好年华都付之东流。

人人都笑"杞人"，却不知，人人都是"杞人"。

当然了，也有那么一些人，可以从这样的困境中逃出，不被世间纷扰所乱，活出轻松自在，活出自由洒脱。

那么，他们是如何做到的呢？

一般来说，喜欢自寻烦恼的人往往具备以下特点。

（1）习惯性逃避拖延

我们常说"大事化小，小事化了"，然而，在多数人那里，这个顺序却反了过来，变成了"小事变大，大事成糟"。

这是因为他们对待问题总是以"逃避"作为第一方案，在问题出现的最初，不及时处理，任其像滚雪球般不断扩大，以致延误了最佳处理时机，而后又破罐子破摔，索性任由它恶化下去，同时自己又不停地懊悔自责，担忧后续的状况。

（2）贬低自我价值

有的人对自我没有清楚的认知，但凡与自己相关的事情出了问题，就下意识觉得是自己造成的，把过错都揽在自己身上，觉得自己一无是处，毫无价值，待事情过去之后，还会一直沉浸在这样的消极情绪中无法自拔。

（3）喜欢盯着消极面

生活中不乏这样的人，他们看待问题时习惯性地着重关注那些不好的方面，但从来不去想解决的办法，而是将它们压在身上，无限地放大，不断地去想，去担忧害怕。

（4）总是委曲求全，好以弱者自居

有一类人他们常常压抑着自己的需求，总是迎合着别人做决定，但他们的内心也会因此感到痛苦和委屈，给自己冠上"弱者"的名号。以"弱者"自居在一段时间内可以让人缓解一下心中的愤懑，免于内耗，但是长时间如此，整个人就会变得消沉，喜欢抱怨，对一切充满恐惧。

如果你也有这些行为，只要能反向行之，问题就解决了一大半。

杨绛先生曾说，人之所以困惑，就是因为你想得太多而知道得太少。因而，庸人自扰的根本，亦是源于知识的匮乏，导致对自己认识不清，对世事认识不清，对大环境认识不清。

不了解自己，很容易被外界的评价左右；不能辩证地看待问题，遇事就容易偏激；不能够识时务，就很容易迷失自我。如此，烦恼自然而来。

因此，摆脱"自扰"的根本，就是学习，既要学习书本上的内容，也要学习生活的技能，秉着开放包容的态度，吸收广泛的知识，并将之为己所用。当然，这是一个长期的需要持之以恒的过程，若仅以这种笼统的模糊的概念作支撑，很难将其付诸实现并坚持下去，最简单的最快捷的方法，就是尽快从一件小事开始做起，这就相当于给思绪设置了一个实体的依托，它就不会再漫无目的地游荡，没来由的烦恼自然就会少了起来。

实际上，真正够得上让你烦和恼的事情其实就那么一丁点，剩下的都不过是自己在和自己较劲罢了。

你不妨静下心来仔细回想，那些你曾觉得十分闹心的事情，譬如领导为什么突然对我这么冷淡；上次吃饭他为什么没有叫我；他今天为什么以那样的眼神看我，是不是我哪些地方做得不到位；我打电话

他为什么不接；他为什么只发朋友圈，不回我的评论……是不是很多都只是你猜的、你觉得、你想象的，这些有可能是真的，但更多时候是大脑的幻象。

佛说，我们生活在一个由各种幻觉组成的世界里。现实虽没有这般魔幻，但是人们因为各种各样不确切的不全面的讯息，想象可能并不会发生的事情，进而产生担忧、烦躁、焦虑等负面情绪，为自己徒增烦恼，却是普遍的现象。

大发雷霆是本能，平心静气是本事

连下了几天的大雨，天终于晴了。

林岳拉开窗帘，看着外面久违的阳光，打算出去走走，舒缓舒缓自己这几天和天气一样糟糕的心情。

简单收拾了一下，林岳就出门了，她打算到附近的公园溜达一圈。

雨后的空气非常清新，让林岳顿感神清气爽，心情也跟着畅快起来。正当林岳享受其中时，一个七八岁的男孩横冲直撞地跑过来一头栽进了林岳的怀里，林岳毫无准备，一个没站稳，跌倒在了地上。

地面还有未干的雨水，周边还都是人，林岳裤子湿了，又被一群人侧目盯着，不禁又羞又恼，前些天的怒火也被牵引了出来，不受控制般地冲着那男孩大吼："你这孩子怎么回事啊？没长眼啊！看不见前面有人吗？"

男孩也惊魂未定，又被林岳这么一吼，便大哭了起来。这时，一个女人气喘吁吁地赶过来冲林岳说道："你说你一个大人，跟孩子较什么劲呢？他也不是故意的，你有必要这么吼他吗？"林岳一听，怒火更大了，跟女人辩论起来，两个人你一句我一句，吵得面红耳赤。

眼看着周围看热闹的人越来越多，林岳脸上更挂不住了，心里后悔起来，赶紧找了个借口从人群里挤了出来，她往外走时还听见背后不时地传来那孩子妈妈和周围人的声音："这么大个人了，跟孩子置什么气呢？""本来没多大的事，一人少说一句也就过去了"……

回到家里，林岳越想越委屈，趴到床上大哭起来。哭完了，林岳心情平复了不少，她回过头来仔细想了想今天发生的事情，没了委屈，而是觉得特别不值当。

如果，当那小男孩将她撞倒的时候，她没有发脾气，而是将孩子扶起来，问了问他有没有摔倒，又该是怎样的场景呢？

小男孩可能会怯怯地说声阿姨对不起，他的妈妈也会赶过来道歉，周围的人也不是抱着看热闹的心态，而是夸她宽容大度，她的好心情也不会被毁掉，反而会变得更好。

就算达不到这样美好的程度，最起码，也不会变成和人吵架被围着看这么糟糕。

而这一切，都从她那句大吼开始，发生了本质的变化。

喜怒哀乐是人之常情，和微笑、悲伤一样，愤怒也是人的基本情绪之一。现实生活中，能够激发我们愤怒情绪的事情有很多。朋友做了对不起你的事情，上司一碗水端不平，父母家人总是不能理解你……当它们发生的时候，我们的身体里就会有一股抑制不住的力量想要进发出来，这股力量往往会促使我们做出一些冲动的、难以被理解的甚至是不被大众所接受的举动。

生气是人的一种本能反应，但即便如此，发脾气也有尺度可言，不能胡乱而为，因为一件极小的事情气得上蹿下跳，茶饭不思，这不是真性情，而是愚蠢。

每一种情绪的背后，尤其是不良情绪，大都隐藏着深层的心理原因，愤怒也不例外。人为什么会生气呢？他盗用了我的劳动成果，我不甘心，我生气；他们没有按我说的去做导致了如此不堪的结果，我愤恨，我生气；她当众让我出丑，我羞恼，我生气……然而不管是不甘还是恨，本质上都是"无能为力"。

这也是为什么，我们在生气时所做的决定事后回想起来往往会追悔莫及。那些在平常就算用脚指头想想都不会去做的事情，之所以会在你愤怒时顺理成章地发生，就是因为你压根不知道怎样去解决，就胡乱采取了最为简单粗暴的方式——跟着情绪走。

你对所发生的事情毫无招架之力，想不出好的办法去处理，只好通过情绪发泄，掩饰内心的不安，宽慰自己的恐惧。从这个角度来看，生气就是一种无能的表现，而越容易生气的人，能力越是有所欠缺。

《论语别裁》中讲："上等人有本事没脾气，中等人有本事有脾气，下等人没本事有脾气。"老话说"人微易怒"，讲的也是这个道理，越是没有什么本事的人，遇事越容易发脾气，而层次越高的人，性情反而越平和。

　　美国总统林肯在任期间，有一天他的陆军部长斯坦顿非常气愤地来找他告状。

斯坦顿说，一位少将指责他偏袒他人，言辞异常激烈，甚至有侮辱的意味，这让他无法忍受。

林肯听罢，建议斯坦顿写一封信回敬对方。

斯坦顿随即照做，他将自己的满腔愤怒毫无保留地发泄在了纸上，而后满意地拿给林肯过目。林肯看过后连连称赞斯坦顿骂得好，转而却让他将信扔进炉子里烧掉。

斯坦顿大惑不解，林肯解释道："我生气的时候都是这么做的，这封信你写得很畅快，骂得很好，这就表明在写的过程中，你的怒火已经发泄出来了，这上面的话都作数了，所以现在就请你把它毁掉，再重写一封吧。"

总统之所以能成为总统，从这一件小事就可以看出端倪。

人类生来是情绪化的，理智只是我们在进化过程中，逐渐发展出来的产物，很多时候，我们都会无意识地被情绪牵着鼻子走，从而做出种种不理智的行为。但是，那些有能力、有魄力、层次高的人，却不会轻易被情绪控制，即使在很生气的情况下，他们也不会胡乱发泄，更有甚者还会凌驾于情绪之上，巧妙运用情绪达成自己的目的。

人们常说，大发雷霆是本能，平心静气是本事，这话一点没错。

《乌合之众》一书中有这样一句话："我们以为自己是理性的，我们以为自己的一举一动都是有道理的，但事实上，我们绝大多数日常行为，都是一些我们自己无法了解的隐蔽动机的结果。"

也就是说，多数情况下，人的行为契机都不是理智的，而这个不理智的契机，就是情绪。

心理学上有个非常著名的法则，叫作"费斯丁格法则"，指的是生活中的情况，10% 是由发生在你身上的事情组成，而余下的 90% 则是你对这些事情的态度和反应。

就拿开头的例子来说，林岳被小男孩撞倒，这是她本身无法控制的意外情况，但是之后的种种不愉快，却都源于她自己。在被撞倒后，她顺应本能，采取了大发脾气的处理方式，于是后面的一系列吵架、被围观、被议论随之而来，倘若她最初选择将怒火压下，用平和的方式对待这次突发情况，之后发生的一切也将不同。

不随便发脾气，能使你免掉更繁杂的情绪困扰，让你得以保留更多的精力去做更重要的事情，做更正确的决定，做更理性的判断。

拿破仑说，大多情绪浮躁的人都很难做出正确的决定，有所成就的人基本上都比较理智。一个人要想成功，首先就要控制住自己浮躁的情绪。

作为成功的左膀右臂，自律也是如此。一个想要变得自律的人，最首要的任务就是学会控制自己的情绪。

当然，同本能背道而驰，从来都不是一件简单的事情，保持心平气和，的确是一项需要用心修炼的本事。

白岩松也说过，世故不是成熟，麻木不是深沉，怯懦不是稳健，油滑也不是智慧。

人对自由的看法会影响自律感。心理学上有个概念叫自由意志，就是说我们每个人都有选择自己行为的自由，我们的所有行为自己都可以决定。越是不相信自由意志的人，自律性越差。为什么会这样呢？这主要是因为，那些不相信自由意志的人，普遍觉得自己的行为都是环境因素决定的，我又没办法掌控自己的行为，当然也没必要为自己行为的后果负责。

自律路上远离负能量

"昨天，我把一个初中同学的微信拉黑了。"刚到单位，柚子就跟同事宣布道。

几个同事知道有八卦可听，于是心照不宣地都没说话，只是用眼神催促柚子接着说下去。

原来，柚子和这位初中同学，自从毕业后就没怎么联系过，直到前不久在一个聚会上碰到了，才又开始联络起来。

那之后，这位初中同学就经常找柚子聊天，但每次聊天的内容都出奇地一致，那就是发牢骚、吐苦水，不是抱怨这个就是痛骂那个。

刚开始，柚子还挺理解她的，也会耐心地措辞安慰她，但是渐渐地，柚子发现事情似乎在朝着一个可怕的方向发展下去。

本来，柚子是一个很乐观且自律的人，生活积极健康，每天正能量满满。但自从成为那位初中同学的"情绪垃圾桶"后，柚子感觉自己越来越容易烦躁，常常控制不住地发脾气，耐心也少了，整个人的状态都有点不对。

某一天，柚子再一次听完她的抱怨后，果断"拉黑、确认"，将源源不断的负能量封锁在了自己的微信黑名单里。

"哦，怪不得前段时间看你总是无精打采的，我们还以为你失恋了呢，私底下还偷偷议论不知哪位帅哥能让你这个'女强人'魂不守舍呢。"同事调侃道。

"好了，我现在终于解放了。"柚子伸了个懒腰，露出了一个如释重负的微笑。

不知道从何时开始，我们周围出现了越来越多的"丧"系列物。

朋友 a 整天打游戏，满嘴飙脏话；朋友 b 总是抱怨工作压力大，上班像坐牢；朋友 c 迎来了迟到的叛逆期，每天醉生梦死到半夜……

路人甲仰头望了望天空，露出了绝望的表情；路人乙哭诉着，摆出了"我弱我有理"的架势；路人丙垂头丧气，不断抱怨社会不公……

这样的风气越发蔓延，并借由互联网的脉络，形成了一种在年轻群体中特有的文化现象——"丧文化"。所谓"丧文化"，指的就是年轻人因为学习、事业、情感等的不顺而在网络上、生活中表达自我沮丧的一种文化趋势。

这些"丧"系列物、"丧文化"各式各样，但它们存在一个共同的特质，那就是满载负能量。

本杰明·富兰克林说："内在能量与毅力能打倒一切！"

每个人的体内都蕴含着一股强大的能量，这股能量能支撑着我们战胜挫折，走出低谷，引领我们走向幸福的人生。但是，这股能量并不是一成不变、持续饱满的，它也会被消耗、被削减，那些消耗、削减能量的东西就是负能量。

　　承载负能量的人，不仅本身会持续处于消沉颓废的低能量状态，还会将这种"丧"传递给身边的人。

　　想象这样一个场景，某一个阳光明媚的早上，你打开朋友圈想看一看大家的动态，结果映入眼帘的都是这样的内容：

　　　　"今天又是丧气满满的一天！"

　　　　"读那么多书有什么用，还没卖麻辣烫赚得多。"

　　　　"别人都拼爹拼妈，你能拼啥，只能拼命。"

　　　　"我差不多是个废人了？"

　　　　"躺尸到死亡！"

　　大概率，你的好心情也会被毁掉一半。仅仅间接的文字就有这样大的威力，更别说直接接触承载负能量的本体了。

　　充满负能量的人，在内耗的同时，也会消耗他人的能量，跟这样的人相处久了，你就会在不知不觉中也变得消沉颓废，对生活失去信心，届时不要说自律了，恐怕你还会萌生出"活不下去"的念头。

　　"近朱者赤，近墨者黑""久入芝兰之室而不闻其香，久入鲍鱼之肆而不闻其臭"，古往今来，很多事例都表明，人很容易受到身边环境和人的影响。

　　美国著名心理学教授大卫·霍金斯关于这个问题曾做过百万次案例，得出结论——能量对我们的影响是不可思议的，当正能量的人出现时，他的磁场会带动万事万物变得有秩序和美好，反之，负能量的人，他的磁场会扰乱周围的一切，使之变得混乱糟糕。

　　和作风混乱的人生活在一起，你的生活秩序也会被打乱；常和喜欢炫耀的人来往，你也会慢慢变得虚荣；和爱发脾气的人待久了，你也会变得容易暴躁……

当积极生活的你，开始和负能量接触，很快，你就会变得不那么乐观，不那么阳光，不那么快乐。

当本就焦虑的你，遇见了另一个负能量的他，很快，你就变得更低沉、更悲观、更焦虑。

如果，你不想变成这样，最简单最快捷的方式，就是远离，就像例子中的柚子一样，对于那些扰乱自己生活，给自己带来不快感受的人，果断按下屏蔽键、删除键。

当然，有时候，我们本身也会因为各种事情不可避免地陷入悲观情绪中，这时的我们其实也是一个负能量的载体，为了使自己不被负能量吞噬，也不将其传递给别人，就要学着自我释放情绪。

这里有几个小方法可以帮助你控制负面情绪。

（1）色彩法

国外曾有一个特别爱发脾气的女孩，她的妈妈就买了红、黄、蓝等几种不同颜色的球，告诉她哪种情绪对应哪个颜色的球，当她产生这种情绪时，就可以将相对应的球放进指定的筒内，这样做一段时间后，女孩的情绪问题就减轻了很多。

美国心理学家菲尔德也曾提出，"数颜色"可以有效控制情绪。当你感到郁闷或者愤怒时，可以找一个安静的地方，然后环顾四周的景物，将看到的颜色在心中默念："那是一张古铜色的桌子，那是一个白色的纱窗，那是一棵绿色的大树，那是一块红色的广告牌……"这样数十几种后，你的心情就会平复下来。

（2）冥想法

《内在和平》一书中提到："沉静，是人们接纳所有生命体验的一种理想状态，而要达到这样的状态，必须通过冥想。"

冥想本是瑜伽锻炼中一种入定的技巧，后渐渐被引入到生活中成为一种放松自我的方式。所谓冥想，就是让自己进入到一种极度舒缓的空灵的状态，暂时忘却烦恼。

每天抽出半个小时左右的时间，摆出一个让自己最舒服的姿势，闭上眼睛集中注意力，运用想象力把自己送到一个远离尘嚣的地方，或是躺在软软的云上，或是奔跑在葱郁的森林中，或是翻滚在一望无际的草原上……

每天坚持冥想，有助于内心平静，可促进身心健康。

（3）转换法

古老的西藏，有一个叫爱地巴的人，每次生气和人起争执的时候，就以很快的速度跑回家去，绕着自己的房子和土地跑3圈，然后坐在田地边喘气，也不再回去与人吵架了。

后来，爱地巴的孙子问及原因，爱地巴才把自己心中所想说了出来。

他说："年轻的时候，围着自己的土地、房子跑时，我就在想，自己的房子这么小，土地这么少，我还不努力，哪有时间哪有资格跟别人生气呢？这样一想，气就全消了。而我现在依然会生气，生气时也还会绕着房地走3圈，但我边走边想的是，我的房子这么大，土地这么多，我又何必跟人计较？一想到这，气也就消了。"

　　爱地巴这种排解情绪的方式就是转换法，将愤怒、悲伤、愤恨等消极情绪转换成拼搏、进取的斗志，得以快速摆脱负能量的干扰，进行正能量的行为。

　　当我们没有强大的意志力将负能量转换时，也可以退而求其次，实施转移。

　　比如通过记情绪日记，把自己的兴奋点和烦恼点写下来，也能让失控的自己好过一些。

　　比如放纵一次，去吃喝玩乐打游戏等。

（4）销毁法

　　这是最简单的方法，但同时也是最有效的。

　　所谓销毁，就是将烦心事、坏情绪写在纸上，然后撕掉或扔进垃圾桶，这方法虽然听起来很鸡肋，但真的有用。

　　值得一提的是，不要在情绪到了崩溃临界点时再去这么做，而是每天或者每隔几天，就进行一次，有时候甚至不用销毁，只要写下来即可。

　　实际上，负能量也是一点一点累积起来的，从最初的小小的坏情绪就开始抵制，负能量就永远无法将你吞噬。

昨日之事不可留，别为昨天伤身苦恼

"我一定要将那个渣男千刀万剐，生吞活剥。"晶晶缩在小南的怀里，边哭边狠狠地立下了重誓。

可还没等她把渣男怎么样，自己就先倒下了。

晶晶和前男友一见钟情，好的时候如胶似漆，然而就在她自己憧憬着两人的美好未来时，那男人转头勾搭上了别的妹子，只留下一则"你是个好女孩，是我配不上你"的分手短信。

晶晶悲愤交加，跟闺蜜小南大骂了他三天三夜，信誓旦旦地说自己要过得更好，让渣男后悔去。

见晶晶这样，小南心里很欣慰，她觉得闹过发泄过后，晶晶就能很快走出来。

然而，事实并非如此。

仅仅正常了一天后，晶晶就陷入了痛苦中，一边怀念曾经的美好，一边不断怀疑自己，变得低沉、颓废、毫无生气。

周围的朋友都说，晶晶好像变了一个人，因为一场恋爱丢掉了曾经的自己。

很多时候，当人们失去一项东西或一个人时，就会通过各种途径来为它加价，它的美好会被放大，它的缺点会被忽略，这件事物本身的价值可能并不大，甚至在他人看来毫无价值可言，却因为"失去"而变得价值连城，进而自然而然地勾起人们的惋惜和悔恨，让人们不自觉地沉浸在痛苦中。

这是因为，这件事物或者这个人身上，包含了对失去者而言很重要的东西。

就像上面的例子，渣男本身是毫无价值的，但是因为晶晶在他身上付出了情感、付出了自己的青春，他也曾带给晶晶快乐和甜蜜，所以对于晶晶而言，他就会变得无比重要，当渣男离去时，晶晶就会觉得自己失去了很多很多。

经济学领域，有一个名词叫作"沉没成本"，指的是已经失去的、丢掉的有价值的东西，也可指付出的时间、情感等。放在生活中，我们过去所经历的种种遗憾，其中所包含的不管是付出的心血还是花费的金钱时间，都是沉没成本。

沉没成本是一种历史成本，就像泼出去的水，是不可收回的。当这种成本已经产生时，人们再做什么补救措施都是无济于事的。

然而，尽管大多数人都心知肚明，过去的已然消逝，但真正面对失去时，还是会痛苦、悲伤。如此，人们就会陷入过去的漩涡中，被负面情绪左右，做出一个又一个错误的决定，从而失去更多。

回望过去，没有人是圆满的，毫无遗憾的，如果我们总是将注意力放在失去的、没有得到的东西上，必定会一直处于悔恨伤悲当中，这既会影响我们的身心健康，也会打乱现有的生活节奏，让我们失去对未来的信心和期待。

除却遗憾，还有一些人会被曾经的成就所牵绊，心里总是想着以前的自己是多么风光无限，多么出凡入胜，进而自高自傲，看不清现在的自己，便会远离初心，退步不前。

总是抓着过去不放手，又怎么有精力拥抱明天？

当然，这也并不是说我们要把过去的事情全然忘却。

为了让好姐妹尽快振作起来，小南找到了老同学阿珂。

同晶晶一样，阿珂曾经也是一个深受渣男祸害的女孩。还记得，她刚失恋那会儿，也是每天要死要活的，差点把周围的朋友都折磨崩溃。

而现在的阿珂，美丽、优雅、沉稳，遇事处变不惊，在爱情中也自信豁达。提起那段不堪回首的过去，阿珂丝毫没有遮掩，反而轻松一笑："你说那个人啊，我还要感谢他呢，是他教会了我如何辨别坏男人，让我变得勇敢坚强，成就了今天的我。"

将美好的事物永远留存，从不好的经历中吸取教训，怀着包容感恩之心，把好的、不好的都变成生命的养分，成为自己前进的动力，这才是对待过去该有的态度。

一味地为昨日之事伤神，不断地吹嘘过去的荣耀，都只会在无形中增加更多的"沉没成本"，对当下的未来的生活毫无益处。

但是想要做到真正放下，也并非易事。有的人可能一瞬间开了窍，也有的人可能一辈子都在挣扎。

在这里，给大家推荐两种心理学中应对内心执念的方法——空椅对话和双椅对话。这两种方法常被用于心理咨询中，借助于此，咨询者可以更全面客观地认识身边所发生的事件，更好地释放情感，从而缓解内在冲突。心理学家格林伯格提出的情绪焦点疗法正是以这两种方法为核心的。

空椅对话，简单来说，就是在自己对面放上一把椅子，想象那个自己放不下的人正坐在那里，然后将内心的情感向他倾诉。之后自己再坐在对面的椅子上，把自己想象成那个重要的人，对于刚刚自己表达的想法做出回应。

空椅对话可帮助人们缓解抒发因为生活中重要的人而产生的不良情绪。对此，格林伯格说过这样一个例子，有一位来访者小时候他的父亲忘记了参加他的生日派对，他等了很久都没有等来爸爸，同样的情形又出现在他的婚礼上，这让他产生了被忽略、被抛弃的感觉，并因此伤心愤怒，一度无法释怀。了解上述情况后，格林伯格就对这位来访者使用了空椅对话方式。

实际上，空椅对话就是一种角色转换，使得人们可以站在对立的角度重新审视问题，跳出自己的固有认知。

不同于空椅对话，双椅对话解决的主要是人自身内部的矛盾。

生活中，人们不免会有自我怀疑、自我否定、自我怨恨的时候，比如遇到了困难、失败、没有将事情办好时，我们就会产生"我太糟糕了""我真是太笨了"的想法，在心里不停地评判自己，这种感受会持续留在体内，促使我们一遍又一遍地回想已经发生的事情。

这种情况，就可以运用"双椅"疗法。放置两张椅子，一张代表本我，另一张代表批判自我的小人。开始，自己充当"小人"的角色，向代表本我的椅子说出各种批判性的语言，如"你真是一无是处""你真是个不孝顺的孩子"等，而后坐回代表自我的椅子上，针对之前的批判言论，表达自己的感受如"我的确很糟糕"以及自我保护如"但是，我只要再努力一些，就会更好"。

双椅对话相当于塑造了一个穿越式的场景，让人们可以跟曾经的自己、内在的自己进行对话，从而解开自我误会，放下执念。

放下过去的故事，才能为新的故事腾出空间，希望你能将心绪规整，自此扬鞭，追寻更加美好的未来。

忍一忍，缓一缓，重新找回自己的节奏

相比于"持续性堕落"，多数人更习惯于"间接性颓废"。

自从接手现在的工作后，米东就没有轻松过一天，最近他真的感觉有些吃不消了。

想到自己本身身体就不是很健壮，而且他是真的喜欢这份工作，米东决定开始跑步，改善身体状况，以更好地适应工作节奏。

首先，米东给自己定了一个目标，每天早上至少跑30分钟。

刚开始，米东很有劲头，几乎每天都能以较高的速度跑完30分钟，公里数在5000米以上，且每次跑完都感觉特别舒服，也很有成就感。

这样的状态维持了半个月，之后，米东就开始变得疲倦、厌烦起来，每次出门都拖拖拉拉，跑步的速度也越来越慢，公里数也越来越短。

此时的跑步对于米东来说已经成为一种折磨，最初的成

就感早就消失得无影无踪，剩下的只有枯燥乏味，很快，米东就又恢复了以往睡懒觉、玩手机的状态，但是内心在为自己的"没有毅力""再次堕落"痛苦着。

我想，米东最后的感受，大家都不会陌生。

一次次地满怀激情地宣称自己要怎样怎样，干一番大事业，又一次次地转身就忘记曾经的信誓旦旦，回归到咸鱼生活。

这一起、一放之间，不过一个月、两个星期，甚至四五天。

毋庸置疑，大多数人都是有上进心的，都是不甘堕落的，也是因此，自律才会成为大家极其关注的一个话题，一种想要达成的状态。

但是，每当我们要开展一项有意义的事情，培养一个好习惯的时候，总是坚持不了多久，就又回到了之前的消沉，然后再信心十足地开始，再放弃，如此周而复始，时间浪费了很多，事情却没办成多少。

这是为什么呢？我们为什么总是会陷入"间歇性堕落"的循环中呢？

以米东跑步为例来分析，开始时，他怀揣着"能让身体更强健"的愿景以及一种对未发生事件的好奇，有着十足的劲头，这促使他很好地完成了初始目标任务，并因此获得了成就感。

但是愿景激励、新鲜感以及成就感的作用强度是抛物线状的，在某时刻达到制高点后，就开始下降直至归零。

因此，在坚持了半个月后，米东没有了之前的激情，能感受到的只有跑步带来的肉体劳累以及精神枯燥，放弃也是意料之中的。

实际上，米东最初昂扬的状态并不是真实的，换言之，平常生活中的他不可能持续处于一种亢奋的状态中。也就是说，他最开始在30

分钟以内跑完 5 公里的目标，是超出他本身平均水平的。

这样导致的结果就是，他刚开始可以快速地跑完 30 分钟，到后来就越来越慢，最后变成了散步一样的速度，应付了事。

当一个人用一个超出自己平均水平的目标要求自己时，最初的激情一旦消退，剩下的就只能是被迫硬挨，结果就是对所进行的事情越来越抗拒，最后自然就会放弃。这就是节奏的缺失。

用一句话概括，当你想要坚持的事情不符合你的整个人生的平均节奏时，尽管前半段会进行得非常顺利甚至能超标完成，但到了后半段就会遭受"反噬"，带上"强迫"的意味，也就很难再坚持下去。

反过来讲，如果我们能够找准自己的平均水平，并一直按照这个节奏走下去，很多事情便会水到渠成。

村上春树在《当我谈跑步时，我谈些什么》里，讲到自己写作时，给自己的规定：

每天写 10 页，即使心里还想继续写下去，也照样在 10 页左右打住；哪怕觉得今天提不起劲来，也要鼓足精神写满 10 页。

村上春树之所以能保持很高的创作效率，持续输出写作，就在于他把握住了自己的输出节奏。

可见，当你将一件事情切合着自己的节奏进行时，无须"咬牙切齿"，也不用废寝忘食，要在一种很舒服的状态下达到自己想要的结果。

很多人减肥，突然间开始节食，不仅不会长期保持苗条，反而会有反弹的危险；一些人非常刻苦地学习一段时间后，就会出现厌学心理，开始放纵自己；有的人拼了命地工作，最后身体支撑不住，赚的钱都用来拯救健康了。

这些，其实都是因为没有把握好自身的节奏。

那么，怎样才能避免上述情况的发生呢？总结来看，要注意以下三点：

第一，要缓，避免超水平发挥。

误把状态最好的结果，当成每次必达的目标，让自己超负荷持续努力。是我们很多人在做一件事时，最容易犯下的错误。

人们最开始做一件事情时，往往在情绪情感的加持下，会处于一种极佳状态，这种情况下，人们很轻易就会超常发挥，并会下意识地将超常发挥的结果当成普遍的目标来要求自己，这就会导致一段时间的用力过度，最终使自己陷入超负荷的状态。

第二，要赶，坚持达到平均水平。

即使目标合理，人们也会有懈怠、偷懒的时候，但要想养成一个习惯，达成自律，就要战胜这种消极，鼓足精神让自己在规定的时间完成该做的事情。

第三，要停，适当停下来调整。

尽管有时候我们计划得天衣无缝，但是真正实施起来不一定都能把控好，很可能过一段时间节奏就会被打乱，所以，要适当地停下来，做一下总结，做一些调整。

所谓的缓和赶，其实就是间歇地放松和紧张，就像一根皮筋，如果一直处于紧绷的状态，很快就会断开，但如果一直放着不用，就很容易会老化。唯有绷紧和松弛交加，有的放矢，才能持久保持良好的状态。

如果你也陷入了"间接性堕落"的死循环，并为此非常痛苦烦恼，别着急，缓一缓，找一找自己的节奏，再重新开始。

别太在意别人说什么，要多看自己做到了什么

一大早，陈兰就愁眉苦脸的。

"怎么了你这是？你欠别人钱了还是别人欠你钱了？"张倩文见状笑着调侃道。

"唉，别提了，还不是昨天晚上那个所谓的闺蜜聚会闹的。"陈兰气呼呼地说道。

陈兰所说的闺蜜聚会，张倩文倒是听她提起过，陈兰的几个小学、初中同学，都在这座城市上班，她们就在微信里拉了一个群，每天聊聊天发发牢骚，渐渐地关系也就近了起来。前不久，其中一个同学说大家也很久没有见面了，反正离得也不远，不如抽个时间出来聚一聚，将感情升温一下。大家都表示赞同。

"你们不是聊天聊得挺好的吗？怎么聚会这么不开心呢？"张倩文问。

"说是闺蜜，也是最近才熟络起来的，大家在网上一般都展现出来自己最积极的一面，比如我不是一直在锻炼减肥吗？我就每天跟她们分享自己减肥的心得，她们也都很赞赏

我，我可高兴了。谁知昨天晚上，她们一看见我，就开始笑，然后说'这么长时间不见，你都变这么圆润了，不过你不是在减肥吗？怎么一点效果都没有啊？枉费我们天天鼓励你了'。一整晚，她们时不时地就用这件事嘲笑我，真是气死我了！"陈兰越说越气，"啪"的一声把手拍在了桌子上。

"你跟她们较什么劲呢，真没必要。我给你捋一捋，你就不气了。"张倩文搬了把椅子坐到了陈兰旁边，"她们怎么想、怎么说，是她们自己的事，你得看你自己，你自己想想琢磨琢磨，自从开始锻炼你有没有变化、有没有收获？"

"你还别说，自从开始规律性地锻炼后，我虽然体重变化不太大，但是皮肤状态好了不少，睡眠质量好了，还养成了锻炼后看一会儿书的习惯，整个人精气神也好了很多。"陈兰兴奋地说道。

"就是嘛，别光听别人说什么，也看看自己做到了什么。现在，你还生气吗？"

陈兰笑盈盈地摇了摇头。

"太在意别人说什么"，是当下很多人的通病。

今天穿上了新买的衣服，感觉自己美美的，结果因为别人一句"显胖"，心情一下子跌到了谷底；公交车上，隐约听见身后的几个人在议论谁的相貌，总觉得好像是在说自己；吃饭时被同事调侃"饭量大"，此后再一起吃饭，就不敢吃太多……

太过在意别人的看法，心情总像过山车，前一秒还因为一个人的夸赞兴奋不已，后一秒就因为一个人的批评陷入了悲伤。每每回想起来，还会过度地反思和批判自己——就是我太胖了，所以他们才会开这样的玩笑；一定是我做了什么不雅的举动，后面的人才会发出笑声；一定是我做得太差了，领导才会露出那样的表情。

在这样起伏不定、以负面居多的情绪中，什么事情都无法集中精力去做，白白浪费了诸多大好时光，也让自己在不知不觉中戴上了面具，不敢穿有个性的衣服，不敢表达自己的真实想法，不敢吃太多东西，瞻前顾后，犹犹豫豫，每天生活在别人的嘴里。

将别人的话一股脑儿地全收进来背在身上，累不说，还容易让自己走偏方向。

怎样才能摆脱这样的状态呢？

对于带有明显情感倾向的事情，不要细想，点到为止。就像别人对你的评价，不管是好的还是坏的，请让它对你的影响停留在发生的那一瞬间，过后就不要再去细细回忆，如果发现了自己有这样的苗头，马上转换思路，开始做别的事情。

不要停止阅读和学习，在提升自己的过程中，还要定期"总结自评"，就像例子中的陈兰一样，想一想自己做的事情让自己获得了什么，必要的时候可以以周记、月总结的形式写下来，耳朵可以听别人说什么，但眼睛要看到自己做到了什么。

安静下来仔细想想，你在意别人说什么，在意的无非是别人对你有什么看法，归根结底，关注点还是在自己身上，换句话说，如果别人说跟你无关的话，你还会在意吗？

所以，过于在意他人的评价，实际上就是过度在乎自己，太把自己当回事儿了。

换了个新发型，走在路上神清气爽，感觉全世界都在注意我。

大街上一个帅哥扭头看了我一眼还笑了一下，他该不是对我有意思吧？

大庭广众下摔了一跤，真是太丢人了，一整个星期想起这件事来，都觉得羞愧。

其实，真的没有那么多人关注你，一切不过是自己的臆想。大家都很忙，没有精力在你身上浪费时间。

你不信？反过来问问你自己，如果上述情况是别人身上发生的，恰巧被你碰到了，你会记得多长时间？

大概，就在发生的那一瞬间会注意到，再深刻一点的，跟朋友分享一下，但也就到此为止了。

不管是出糗还是高光时刻，真正记得并念念不忘的只有你自己。你幻想有聚光灯，可台下并无观众。

一个人过度在乎自己，往往就是因为自身缺失的东西太多，害怕自己所不自信、不曾拥有的方面，被人议论，被人嘲笑。那么，根本的解决方法自然就是填补这些漏洞、短板，这就离不开学习、提升。

但是，就算我们学习了、进步了，变得更优秀了，总会有更厉害的人，我们还是一样有不足的地方，这些地方还是会被议论。说到底，你不可能独立存在，只要你的身边有别的人，你就会被各种各样的评价环绕。

你不能决定别人说什么样的话，但你可以决定自己做什么样的事情。把对自己弱势的自卑式在乎，转换成改变这种弱势的动力，专注于提升自己。

　　你要做的就是花一天的时间去听他人的意见，反思自己的不足，然后用一百天的时间，专注于寻找和实践弥补这些不足的方法。

　　找到适合自己的提升方式，默默地坚定不移地执行下去，用显而易见的改变和亮眼的成果，惊艳所有人，包括那些曾经恶意诋毁你的人。

第七章

活出真我，让自律成为一种生活方式

管别人很容易，管自己却很难

在朋友们的心中，王子京是个不折不扣的"管家婆"。

小 a 喜欢睡懒觉，王子京有事没事就提人家是个大懒虫。小 b 喜欢追星，王子京嘴巴一撇："您都多大岁数了，干点正经事儿吧。"小 c 对甜食毫无抵抗力，王子京看到她就开始唠叨："容易长胖不说，糖尿病、高血糖……这可都不是闹着玩的。"小 d 最爱打游戏，王子京又苦口婆心："又费眼睛，又消磨意志，真是虚度光阴啊。"

王子京这么爱管别人，她自己定是一个生活健康、自律自强、积极向上的人吧？虽然她也很想做到这样，但事实远非如此。

追剧追到凌晨两三点是常有的事，没事就来杯奶茶续续命，一日三餐从来不准时，每次说要看书学习，两秒后就被手机勾走了注意力……总之，爱管别人的王子京，其实一点也管不好自己。

现实中，像王子京这样的人，不计其数。

出于对亲近之人的关心和爱，在他们有不健康、不得当的行为时，我们总会忍不住说上几句，让他们更正。就算是不熟悉的人、陌生人，在他们举止不合乎情理的情况下，有时候本着打抱不平甚至是"为人好"的心思，我们也会"多管闲事"。然而，到了自己身上，我们似乎都变成了彻头彻尾的"睁眼瞎"，明明看到了所有的问题，也或多或少地知道一些方法，但就是难以付诸实践。

一种错误，一而再，再而三地重复；总是找借口为自己的不准时、不坚定、不专注开脱；永远用"嘴巴"改变自己，很少付出行动……

谁不想变成自己理想中的那个自己？却总是有这样那样的阻碍横亘在面前，让我们不得不哀呼："为什么掌控自己的人生这么难？"

有一个经典的心理学故事，讲述的是一个名叫卢卡斯的少年如何从不思进取、混日子变得极度自律、有所作为的。

卢卡斯生活在一个贫苦的单亲家庭，内心对金钱、富裕生活的渴望和现实的巨大生活压力碰撞在一起，促使他变得十分消沉，不思进取。

直到身为家庭支柱的妈妈生病住院，最终离世，卢卡斯的身份发生了变化，他既要照顾自己，也要照顾年幼的妹妹。

为了生存下去，卢卡斯找了一份清洁工的工作，除此之外，只要遇到能挣钱的机会，他都不会放过。

渐渐地，卢卡斯习惯了清洁工作的节奏，就想着不能总是图省事给妹妹吃垃圾食品，于是他开始学着给妹妹做饭。

不久后，卢卡斯开学了。

他将工作从全职换成了兼职，为了撑起这个家，他学习也刻苦起来。就这样，卢卡斯一边赚钱养家，一边努力学习，最终以优异的成绩毕业，找到了一份好工作，还把妹妹也送进了大学。

从这个故事中，我们不难发现，促使卢卡斯发生改变的就是那场巨大的家庭变故，妈妈死后，卢卡斯自己不仅没有了依靠，甚至还成了妹妹的依靠，他无路可走，只能让自己强大起来。

卢卡斯所处的绝境激发了他对生存的强烈渴望，因此他获得了一股强大的足以改变自我的力量。

这一点，也解释了为什么现实中的我们很难去改变自己，去管住自己。

比如有人说，我太想赚钱了，愿望非常强烈，可为什么我还是无法管住自己，朝着这个方向努力呢？就是因为你根本没有达到"山穷水尽"的境地，你虽然没有很多钱，但生活过得去，你虽然不是大富大贵，但并不愁吃穿，所以你所谓的愿望强烈，其实是一种假象，并没有真正地给予你力量。

所以，在你打算改变自己、管控自己之前，首先就要找到一个能让自己充满力量、斗志、信念的理由。

这个理由，或者说很多时候真正能迸发出一股强大力量的是"绝境"，就像例子中的卢卡斯一样，当你退无可退、无所依靠的时候，要么完全颓废，要么极度强大。但是现实中，不可能人人都会遇到绝境，也不能干等着绝境来临才开始行动，况且，有的人并不能从绝境中获得力量，反而会被压垮。

那该怎么办呢？

想明白自己到底想要什么，想成为什么，在心里问一问：我为什么要改变？改变对我有什么好处？不改变的后果是什么？我能不能接受？

明确了这点，再找一些相关方面的成功事例和警示案例，进一步对自己进行"刺激"，增强意愿程度。

我们不妨来回想一下，你心甘情愿做一些事情的时候，是处于什么样的情景。或许是为了爱的人，或许源于深刻的喜欢，或许有巨大的好处，总之，有引起你强烈意愿的因素做支撑。

拿破仑曾经说过："自觉自愿是一种极为难得的美德，它能驱使一个人在不被吩咐应该做什么事之前，就能主动地去做应该做的事。"

想要管住自己，就要打心底里愿意做这件事，光凭嘴说，是毫无作用的。"愿意"，这个词看起来简单，听起来也没什么特别的意思，但其实很难做到，它不仅代表"去做"，更意味着"做"之后要承受的种种困难和挑战。

然后，从自己感兴趣的、认为最重要的事情入手，不要贪多，先专注于一件事情，当这件事情成为习惯后，再着手于其他。

人对一件事情重要程度的认知对人的自律性有着重要影响，换言之，你能对一件事情坚持多长时间，源于你所认为的它的重要程度。

一般，人们在进行决策时，会根据自己的偏好来行动。举个例子，晚上睡觉前，你有两个选择，一是看一会儿书，二是看综艺节目，你会选择哪种？不出意外，即使你选择了看书，不出 5 分钟就又会忍不住诱惑打开手机。

在没有一个选择（自己认为）非常重要的情况下，人做决定的依据往往是哪个可以让自己觉得更爽。

所以，一定要将一件重要的事作为你改变自己的开端，这样才能将大部分"诱惑过滤掉",坚持下去也会轻松一些。

"万事开头难",管自己也是如此,但是,只要找到了突破口,你就会发现,其实也没有自己想象得那么复杂。

自律习惯要"内修外养"

最近，亚楠的身边多了一对"难兄难弟"。

王康和李绅两个人看了一部励志电影后，就开始吵着闹着要自律，一副信誓旦旦的样子，大有做不到死也不罢休的气势。

口号是够响亮，可是，刚一开始付诸实践，哥儿俩就不约而同遇到了拦路虎。

王康体质本来就弱，一开始他又盲目地对自己下了狠手，身体受不了，接二连三地生病，计划也就被搁置了。

李绅体格倒是没什么问题，但就是太容易受到外界影响，学习时别人一有动静，他就一个字都看不下去，还总是眼馋别人做的事情，将自律的项目一再更换，总之，进度亦寥寥。

两个小伙子和亚楠抱怨了一通，委屈的样子好像是谁故意习难他们似的。

"两个大男人哼哼唧唧的像什么样子，"亚楠没好气地瞥了他们一眼，"别以为自律就是做几件自己认为有意义的事情那么简单，它可是需要内修外养的长久过程。"

"内修外养？"哥儿俩满脸疑惑地看向亚楠。

内修，即修心，静心宽心。

诸葛亮有言："非淡泊无以明志，非宁静无以致远。"所谓"宁静"并非指外部的沉默，而是内心的平和。

只有内心平和坦然，不以物喜，不以己悲，才能抵挡得住万千诱惑，禁得住种种干扰，最终达成远大的目标。

自律的养成虽然算不得什么宏伟的志向，但的确是一个长期的需要平稳心态的过程。

自律习惯养成难，最难在管心。

相传，很久以前有位书生突然对佛教有了兴趣，就决定去寺庙学经念佛。刚开始，寺庙的住持让书生学习入定，书生本以为很简单，然而每次当他入定不久后，就会感觉到有一只"大蜘蛛"出来骚扰自己，让自己无法平心静气。

多次尝试无果后，书生只好去请教住持。住持告诉他，下次再入定时拿一支笔在手里，等"大蜘蛛"出来的时候，就在它肚皮上画一个圈，看看到底是何种怪物。

书生依嘱行事，就在"大蜘蛛"刚出来的瞬间就凭着感觉快速在它肚子上画了个圈，刚一画好，"大蜘蛛"就不见了。除去了外界的干扰，书生很快入定成功。

出定时，书生伸了伸懒腰，却看见他画在"大蜘蛛"肚子上的印记赫然出现在自己肚脐周围。这时，书生才明白，原来那只扰乱自己的"大蜘蛛"根本不是来自于外界，而是源于自己的内心。

生活中的我们虽不必像书生一样入定，但每个人心中都有一只"大蜘蛛"，在你稍有不坚定的迹象时，它就会出来环绕在你的身边，扰乱你的身心。

不管是一点就着的暴脾气，还是一牵就走的注意力，或者是动不动就放弃的决心，本质都是源于内心不够平和。

宋代禅宗大师青原行思，提出了人生的三重境界：一重看山是山，看水是水；二重看山不是山，看水不是水；三重看山仍是山，看水仍是水。

三种境界，尽在于心的变化。当你看山仍是山，看水仍是水时，就代表你已经可以摆脱种种干扰和限制，透过事物的表象看到其本质，拥有包容万物的气量，也就达到了真正平心静气的境界。这时的你，不会再轻易被他人影响，也不会朝三暮四，心猿意马，更不会随便放弃自己的决定。

当然，要达到这样的境界也并非一日之功，换言之，修心的过程，也是自律的一种呈现。

修心，没有捷径，读书是不二法门，所谓"腹有诗书气自华"，读书在丰富学识的同时，也能升华一个人的气质，陶冶一个人的情操。但是只读也是无用，还要将书中的内容真正转换为自己的东西，因此，读完一本书后，写一篇心得是再好不过的了。

学习之外，也要注意自己的言行举止，尽可能地保持情绪平稳，以温和的态度待人接物，不要随便疾言厉色，也不要常常委曲求全，学会合理表达情绪，控制情绪。

经常一个人到安静的地方走一走，投入大自然的怀抱，将身心在尘世间的负担卸下，回归本真。

外养，即养身，强健体魄。

有人说，现在大多数人的生活状态是"前半辈子用身体挣钱，后半辈子用钱买健康"。用透支健康的方式，去满足自己的物质欲望，是否值得？这个问题，不同的人有不同的见地，但毋庸置疑的是，健康的身体是一切的本钱，没有健康的身体，不管你的计划多完美，信心多充足，畅想多精彩，都将是徒劳，这也是为什么自律的人都会格外注意锻炼身体。

从健康合理的生活作息开始，依据实际情况，将身体的锻炼与自律相结合。比如先从不熬夜开始，逐渐养成早睡早起的好习惯，接着再从规律性地锻炼以及饮食搭配入手，进一步巩固身体健康。当这些事项你都能自然而然地去做时，你就会在身体健康以外获得更多的空闲时间，当你能够将这些空闲时间给予合理的分配，利用它们去做越来越多有意义的事情的时候，就是真正达成自律的时候。

内心平和，身体强健，既是达成自律的前提，也是达成自律的结果，换言之，自律习惯的养成，根本上来讲，也就是修心养身的过程。

认清自己，这很重要

泰戈尔说，世界上最容易的事情是责备别人，最难的是认识自己。然而，就是这件最难的事情，对每个人而言又极其重要。

公司来了几位新同事，其中有一个叫作张远洋的，刚入职几天就给我们留下了很深刻的印象。

他总是活力满满，跟所有人快速打成了一片；他也很爱学习，几乎跟每一位同事都请教过问题；有时候，事情做得不好被批评了，他认真听完建议修改完之后，情绪马上就会恢复过来，不会因为被骂而耿耿于怀……

对此，跟张远洋一起来的那几位新同事都很羡慕，同时也非常好奇。

一天，一位女同事忍不住问了他："张远洋，你为什么能这么自信、乐观呢？感觉你做什么事情都很有干劲儿，真是羡慕呢！"

张远洋神秘一笑："其实，很简单，我不过是知道我是谁。"

女同事听了，一头雾水。

例子中的张远洋所谓"我不过是知道我是谁",表达的意思就是,他对自己有着清楚的认知。

这样的人,知道自己所具有的优势和劣势,因而也就知道努力的方向,被批评了也不会妄自菲薄,他更知道自己想要的是什么,他所做的每件事都是在为他的梦想铺路,所以总是充满干劲儿,他敢于挑战和付出,也敢于承担责任。

这种自我认识,从根本上来讲,就是自我认同。

自我认同指个人对自我的洞察和理解,个体以理性的态度去看待并接受自我,是由美国著名心理学家埃里克森最先提出的一个概念,也被称为"自我同一性"。

在埃里克森的八阶段理论中,自我认同被认为是一项非常重要的人生任务。自我认同的形成是个体理性评价自己、看待世界并做出诸多人生选择的基础。

自我认同感高者如张远洋一般,对自己有着清楚的认识,勇于追求自我,坚持自我,会接受外界的声音但不会被他人左右,不会扭扭捏捏、畏畏缩缩。自我认同感低者,对自己缺乏认识,很容易受到外界影响,常被他人的评价左右,往往敏感自卑,做事瞻前顾后。

简单来说,自我认同感高的人,比较果断,容易形成自律;对自我认同感低的人,顾虑太多,更容易拖延。

自我认同的标准可以分为三部分:

1.自己是一个什么样的人(优缺点、三观、能力等);

2.自己将要去向何方(目标、梦想、规划等);

3.自己与社会的关系(人际、地位、所处的环境等)。

对以上三方面以及之间的关系形成了相对稳定且连续的认知,就可以说达到了认清自我的程度。

那么，如何做到这样呢？

敢于尝试，勇于选择。

人的一生是在不断选择中前进的，大到升学、工作、事业、婚姻，小到吃饭、穿衣、娱乐，也正是通过这一次次选择以及之后的收获和失去，人才逐渐地认识自己，进而获得一种自我认知。

一个人的选择，不论大小，都能在一定程度上反映着他的个人特点、喜好、观念甚至某一阶段的欲望，是一个展现自我认同的过程。换言之，从你选择的那一刻，你可以对自己当下的状态有一个认识。

每一次的选择都会让我们对自己更了解一些，所以，该做选择的时候尽量别逃避，有的时候甚至要给自己创造做更多选择的机会，比如尝试跳出舒适区，尝试一些新鲜事。

学会跳出来看待和分析事情。

现实中常常会发生这样的现象，对于同一件事情，不同的人往往有不同的看法，而这不同的看法就反映了人的学识水平、三观甚至生活环境。

小艺最近有两个同学，都要换新工作，而且新工作找得也很不顺心。两个人都投了不少简历，通过的没几个，面试的也和自己预期的相去甚远。

对此，他们两人都找了小艺大吐苦水。

一个慷慨激昂地说了一通后，将这些糟心的经历归咎于运气，说自己该去庙里拜拜佛了；另一个则深刻检讨了一番，说今年形势不好，自己不该那么冲动，不该裸辞，这样一不顺，心态就崩盘了，下次再换工作一定要考虑周全。

同一件事，两人的反应截然不同，其中起作用的正是他们的世界观。一个相信佛的存在，并寄希望于拜佛转运，这和另一位着眼于客观事实的唯物主义者对世界的认识和理解是截然不同的。

但是，当我们身处事情当中时，很可能意识不到这些，所以，对于很多事情我们都应该有"复盘"的意识，在其发生之后，再回过头以客观的角度多想一想、看一看。

适当与他人"分化"。

一个人，当他过于依赖、过于爱慕一个人或者被他人过于管控、干涉的时候，就很难认清自己。因为他的情绪、他的所作所为、他的认知很多时候都不是源自本心，而是在旁人强烈的影响下产生的。

如果你也处于这种状态下，想要迅速脱离几乎是不可能的，唯一的办法就是多问一问自己，哪些是自己的真实想法，哪些是别人的要求和期待。

多对未来做细节性的规划。

你所希望的、想象的未来的生活是什么样子的，你对这一天的生活描绘得越细致、越生动，你就越会知道自己想要的到底是什么，你在生活各个方面的价值取向和偏好是什么样的。而这种了解，反过来又能帮你重新做出今天眼下的种种选择。

没有多少人在 30 岁以前是不迷茫的，这是一种普遍的现象，你不必总是回想着过去的碌碌无为以及眼下的一事无成而感到恐慌和焦虑，因为一旦陷入这样的情绪中，你将迎来的不是蜕变，而是恶性循环。

回望过去，每个人都会有遗憾，但请别把收获忽略掉，你现在要做的不是对曾经那些可以做到但没有做到的事情耿耿于怀，而是要总结过去，认清自己，然后向前看，争取把未来那些自己可以做好的事情做得更好。

就像英国作家王尔德所说，当你正值青春年少，就用心去感受它的美好，不要虚度你的黄金时代，不要将之付诸枯燥乏味，但如果你没有很好地做到，也不要设法挽留无望的失败，不要沉迷于虚假的理想，你要做的就是把内在的生命活出来，别错过每一个绚烂的瞬间。

不要为了省钱而省钱

"'双 11'，你们都买什么了？"一进门，清子就迫不及待地问道。

"哎呀，我跟你们说，我终于将在购物车里躺了大半年的口红买了，不过为了凑够满减数额，我可是熬到了半夜。"张倩一边说话，一边还打了个哈欠。

"可别提这个了，我本来只想买一件大衣，结果那诱人的满减愣是让我又加购了一大堆，为了选这些东西，我何止熬了一夜啊。"一旁的佳宁也说道，精神比张倩还差，好像随时都能睡着。

"其实，我也差不多，这几天就光顾着选要买的东西了，都没能好好休息，现在回过头来想想，为了省那点钱，不仅多花了更多，还浪费了好些时间，还真是不值得。"清子看着大家疲惫的样子，不由得说道。

"是呢。"

"没错，万恶的促销活动。"

......

姐妹们纷纷附和道。

不知道从什么时候开始，一众新型"节日"走进并逐渐占据了人们的生活。从"3·15"到"5·1"再到"双11""双12"，这些与网上购物相关的"狂欢节"层出不穷，热度也一再攀升，有时候甚至超过了传统节日在人们生活中的影响。

目前，等待促销节日凑单买东西已经成为网上购物的普遍现象，为的就是省掉那所谓的几十块钱。

"满200减30、满300减40……"，当我们有着强烈的购物需求时，这些满减活动无疑会再度增加我们的购物欲望。于是，为了用更便宜的价格买下自己喜欢的东西，我们就会不假思索地用更多的时间去选择和加购更多商品，殊不知早已跳进了"陷阱"中。

除去促销活动的影响，很多"贫民窟"年轻人还会陷入另一种购物怪圈，即"肯定还有更便宜的"。

佳宁就是这样一个人，她选购"双11"的商品之所以用了比别人多几倍的时间，就是源于她贪小便宜的心理。

大多数人要买一件衣服时，首先会花一些时间选自己喜欢的款式、颜色，然后结合自身情况考量衣长、衣宽等方面，最后货比三家，选择性价比最高的那一个。

相较而言，佳宁选择的过程要漫长得多，尤其是在货比三家这一环节。

她总是想要找到同款式、同质量中最便宜的那一个，翻到一个便宜的，就会觉得肯定还会有更便宜的，于是为了省那几十块钱甚至有时候仅仅是几块钱，她会一次又一次地打开购物网站，一次又一次地搜索对比，一次又一次地讨价还价，直到最终以一个自认为很低廉的价格买下。

所以，她每次买衣服都会花费大量的时间。

当我们处于当时的场景中时，购得青睐物品以及自以为物超所值的感觉会牢牢地把控住我们的内心和思想，让我们非常享受其中，无法作理性的思考。

然而，当我们从这样的场景中跳脱出来，冷静下来回想时，就会发现这样做其实根本不值得。

不仅仅是网上购物，在很多事情上，人们都会陷入这种"为了省钱而省钱"的循环怪圈中。

你是否曾在点外卖时不停地对比同类型的店铺哪个更划算？你是否会因为花钱买了电影票而坐下来忍受着看烂片的煎熬？你是否害怕花太多车费而选择在大冷天等待迟迟不来的公交……

我想，大多数人都有过这样的经历，面对省钱，人们似乎可以忍受很多生理上的不快，并从内心深处觉得这是十分值得的。

但是，当我们从另一个角度去看待这些事情时，就会发现并不是这么回事。

对比了几家店铺，你可能会省下好几块钱买到同类型的饭菜，但是你也会因此耽误至少 5 分钟的时间。坐下来看完整部你并不喜欢的电影，看似没浪费票钱，但那糟糕的观影体验和感受反而加重了你的损失。乘坐公交的你的确用了更少的车费，但也因此浪费掉了大量的时间去等待，还有可能感冒……

当然，我们并不是排斥和反对省钱。节俭是中华民族的优良传统，是每个人都应该学习的美好品德，但是节俭也应该有分寸、有考量。

电影《21克拉》中，演员郭京飞就饰演了一个省钱成魔的人，名叫王抠抠。

王抠抠，人如其名。为了省钱，他会蹭公司的电给自己的电动车充电，会将公共厕所里面的纸拿回家里，还会拿着矿泉水瓶从女友的公司提水；为了省钱，他可以将一张纸巾撕成好几片用，即使冻死在拖拉机上也要搭便车……

这样的节俭的确让王抠抠省下了不少钱，但与此同时，他也因此一次又一次地陷入麻烦、尴尬中，被人不理解、频繁吃闭门羹甚至差点丢掉性命。

总之，过度的节俭并没有给王抠抠带来美好的生活，反而让他的人生变得一塌糊涂。

像王抠抠这样的人，现实中也有很多。为了省钱而省钱，很多时候看似达到了目的，仔细琢磨起来反而得不偿失，不仅会让我们损失很多意想不到的东西，还会浪费宝贵的时间。

从某个角度来看，为了省钱而省钱，其实是一种"鼠目寸光"和"难以抵制诱惑"的表现，为了眼前的那一点点利益，而不惜投入大量的成本还沾沾自喜，如此累计，最后的损失将无法计量。

在一定的限度内，该省的钱我们绝不能浪费，但是超过了这个限度，就不要再强求，永远不要纠结于一点利益，永远不要为不属于自己的东西哭泣。

简单工作也要做到极致

"没有小角色，只有小演员。"这是在《演员请就位》的舞台上，明道获得的最宝贵的财富。

这个曾经以"霸道总裁"的形象成为无数女孩梦想中的白马王子、火遍全国的偶像剧男主角，站在聚光灯下，脸上带着苦涩的笑容，眼睛里泛着泪光，带着些许哽咽说道："这是我今年来拍的第一场戏，我已经很久没有拍过戏了。前阵子我跟一个朋友喝酒，他拉着我的手淡淡地跟我说：'明道，我觉得你可能这辈子都没有办法再演男一号了。'"

在《演员请就位》的舞台上，明道就提前进入了这种模式，每一场戏，几乎都是边缘性角色，戏份少，发挥空间小。

但，那又怎么样呢？他依然凭借自己的努力，为人们呈现出了更多不一样的但同样精彩的自己。

面对"不演男主角有什么感受"这个问题，明道说："其实，我分不清什么叫不是男一的戏，剧本上写了我名字的角色，他说了什么话、有什么动作，对于我来说，这就是男一的戏份，我会用我能够想到的最好方式去诠释他。"

"没有小角色，只有小演员"，不管戏份多少，哪怕只是一个眼神，不管剧情多平淡，哪怕仅有一点发挥空间，但只要你抓住了这一点，将它做到极致，你就能抓住观众的眼球，这一刻，你就是独一无二的主角。

演戏如此，生活也是一样。

在生活的大舞台上，绝大多数人都是默默无闻的小角色，从事的也都是简单的、平凡的工作。为此，很多人变得麻木懈怠、得过且过，但其实，只有从小事做起，将简单的事情做到极致，你才更有可能蜕变为主角，即使不为他人所知，也能掌握自己的命运。

就像电影《无双》里的那句台词：

> 这个世界上，100万人里才有一个主角，而这个主角必定是把事情做到了极致的人。

不论大小，不论简单还是复杂，踏踏实实地将手中的工作做好，渐渐地你就会获得旁人所不能体会的感悟，这种感悟会激发你产生更与众不同的想法，掌握更独特的技巧，如此熟能生巧，慢慢地你就会成为这一领域的高手。届时，不管是名望还是财富，都会纷至沓来。

前不久，看到这样一则事例：一位年仅24岁的女孩，凭借一门"撕纸"手艺，年收入高达130多万元。

> 女孩名叫翟天麟，出生于撕纸世家。
> 从4岁开始，小天麟就开始练习撕纸。别的孩子玩时，她在撕纸，别的孩子看电视时，她还在撕纸，别的孩子吃好吃的时，

她仍在撕纸。

日复一日，年复一年，春去秋来，十几年的光阴转瞬即逝，小丫头长成了大姑娘，不变的是每天雷打不动的十几个小时的撕纸练习。

如今，研究生毕业的她，依靠精湛的撕纸技艺走上了创业之路，早早实现了经济独立。

例子中的女孩正是通过将一件简单的事情做到极致获得了丰厚的回报，不仅得到了巨额的财富收益，还赢得了"传承中华非物质遗产"的美名。

当然，将简单的工作做到极致，也并不是一件容易的事情，其所需要的耐心、细心、意志力、毅力等，不是所有人都能够达到的。

就像翟天麟，为了练习撕纸，她的手指肿痛、布满裂痕，曾经还一度手痛到连洗手都无法完成，即便是这样，她也坚持了14年，其中的痛苦可想而知。

同撕纸一样，一些工作看似简单，其实包含着很多考验人意志力的因素，挑战着人的生理极限。还有一些工作虽然不会引发人生理上的痛苦，但是枯燥、繁琐，一点一点消磨着人的精神。

但是，只要你越过那所谓的极限，就会开启享受的旅程，即使再苦再累，你的内心也是愉悦的、幸福的，这时候，你已经不再觉得做这样的工作是一件煎熬的事情，距离真正"成神"也已经不再遥远。

说白了，将一件简单的事做到极致到最终的收获满满，其实就是从量变到质变的过程，你的每一次用心付出，都在收获着，只不过这时的收获太小，你很难察觉得到，直到某一天，它积累到了如巨峰之高。

将简单的事做到极致，本质也是自律的真实写照，每一个自律的人，其实都不过是在用心经营一大堆小事。

　　韩雪是一个很多人都喜欢且钦佩的女演员，低调不炒作，认真努力且有内涵，是一个名副其实的才女。年近四十的她，如今依然是少女模样，气质如兰，言语得体，还说着一口流利的英语。

　　这些，都与她的自律分不开。

　　"7点半起床，3分钟洗漱，5分钟上妆；一天只吃两顿饭，晚上6点半以后不吃东西；每天还会花2~4小时学习英语，和英语老师通话练习发音。"

这些自律行为，其实都不是多难的事情，扪心自问，哪一件我们自己不能做到？关键就在于能不能坚持下去，将这些简单的事情做得长久，做到最好。

很喜欢一部叫作《士兵突击》的电视剧，剧中王宝强饰演的许三多，是一个看起来很傻很笨的人，但是有着无比坚定的决心和韧劲，每一项交给他的任务，不管大小，他都会拼命做好。

剧中的连长形容他：我认识一个人，他每做一件小事的时候，都像救命稻草一样抓着，有一天我一看，嚯！好家伙！他抱着的已经是让我仰望的参天大树了。

希望每一个不是许三多的你，能拥有许三多般的精神和毅力，将每一件小事都做好，做到极致，最终抱起一棵让所有人仰望的参天大树，成为平凡生活中的闪耀主角。

自律的人生可以"每天进步一点点"

"从明天开始，我要戒掉零食，早上 6 点起床跑步，每天背 30 个英语单词。"怀里抱着一大袋薯片的桃子，一边拼命往嘴里塞薯片，一边信誓旦旦地说道。

"你可拉倒吧，这句话我都不知道听了多少遍了，也没见你真正做到过，反倒人家小倩一声不吭地改变了好多。"冯可欣无奈道，而后羡慕地望向了小倩。

"是啊，是啊，小倩你怎么这么厉害啊。"冯可欣的话引起了大家的共鸣。

"其实咱们不都一样吗，我也是最近才'参悟'了那么一点点，所以有了些改变。"小倩谦虚地说道。

"那一点点，是什么呢？"闻言，冯可欣过来勾住小倩的肩膀，露出一副贱贱的表情。

"你再这样，我可就揍你了，"小倩被冯可欣的表情弄得哭笑不得，好一会才平复下来，接着说道，"我之前，也像桃子一样，会在很多时候开诚布公地昭示自己的上进心，不断地许诺我要怎样怎样，但是几乎从来没有办到过。后来，我认真反思了一下，意识到自己许诺时往往想的是成功达成后的喜悦，但实际执行时是痛苦的，而目标对于自己当下的状态而言又很遥远，所以很难坚持下来。"

"嗯嗯，说得很对。""是啊，我也是这样。"

听到大家和自己的感受一样，小倩接着说道："最后，我找到了解决方法，那就是不要高谈阔论，不要雄心壮志，每天只要做到跟之前相比有一点点进步，并且这个改变不会让你感到痛苦，渐渐地，你就会将这一点点增加成一个甚至多个新的习惯，到那时，你就会发现自己已经在不知不觉中改变了很多，实现了自律。"

听了小倩的话，大家都陷入了沉思。

像例子中的桃子和曾经的小倩一样，我们身边的人以及我们自己，总是会在某个特殊的节点，或是生日，或是跨年，或是看了一场励志电影后，满怀斗志地给自己定下一个远大目标：明年我要考上研究生、下一次我一定考过六级、半年内我要升职加薪……以期成为让自己自律的动力，而后，却在不断流逝的时间里，轻易被钝化，很快回归到一如既往的稳定状态。

这种"作秀式"的自律，相信每个人都不陌生。为什么我们会这样不断地给自己希望，给自己梦想，又不断地糟践它、放弃它呢？

其实，原因就像小倩说的那样，希望的结果总是美好的，但希望实现的过程是无比痛苦的。尤其是对我们这样大多数轻易会被生命的本性如懒惰、享乐、贪婪支配的人来说，想要在一瞬间转变，实现跃迁式、火箭式的进步，简直就是天方夜谭。

所以，在你尚且保有一点上进心的时候，最好趁早放弃这种"摇身一变"的奢侈愿望，不要期待于马上成为一个行动的巨人，而要着眼于成为一个更好一点的自己，每天只进步一点点。

那么，具体该如何去做呢？

首先，摒弃"结果导向"的激励作用。

回想过去，你是否经常给自己制订这样的计划？

◆ 一个月内我要瘦下来；

◆ 教师资格证我一定要考过；

◆ 一年的时间我要掌握一门外语；

◆ ……

这种计划方式，其实就是将注意力放在了目标的达成上，站在结果的角度去考虑问题，而缺乏对过程的关注。

也就是说，你只想着"瘦下来""考过""掌握一门外语"之后的幸福快乐的生活，而没有真正考虑该如何去做、要经历怎样的磨练才能实现这样的目标。畅想愿望的美好当然没有错，很多创业者、CEO 也常常给员工们描绘未来的宏伟蓝图，以此作为激励，但是对于一个单枪匹马想要改变自己的个体而言，过于关注结果，只会让你更聚焦于现实和理想的巨大差距，而不是如何采取和保持行动，这便是让你坚持不下去的根本原因。

你想瘦下来，无非是受到"你不瘦下来根本不知道自己有多美""瘦下来的人生简直就像开了挂"的激励，但在拼命锻炼、狠心断了甜食几天后，发现身材毫无变化，对比忍受的痛苦和遥远的目标，你被那美好愿景引发的斗志便会瞬间烟消云散，考证、学外语同样也是如此。

但就此放弃的你仍会不甘心，气自己3分钟热度，而后再度整装待发，接着还是放弃，又陷入自责中。

你不断地想改变自己，改变现状，但每次都是折腾了一通还在原地踏步，问题的关键到底是什么？缺乏动力？没有执行力？没有信念？没有毅力？

的确，无法坚持下来的你，确实缺乏这些品质，但是要知道，一个人的信念、毅力、执行力是要在他真正想去做一件事情的时候，才会得到最充分的展现。换言之，你不是没有动力、毅力、信念，而是你没有找到一件让自己展现出这些可贵品质的事情。

你只想着赶快达成结果，无法从正在做的事情中获得快乐、成就感，不能感受到自己正在被充实，所以无论做什么，你都好像在受刑，在完成一个强制的任务时，倍感煎熬和痛苦，也就很难坚持下去。一旦放弃，你又会给自己冠上各种消极的标签，让自己变得更焦虑。

怎样改变呢？换"结果导向"为"过程导向"。

你可以有远大的目标，但不要把这个目标放在肩膀上压着自己，恨不得马上就能实现它。要知道改变自己或者说成功、自律不是一蹴而就的，在你的能力、意志力等一切与成功相关的因素处于较低水平时，过分关注目标反而会起到抑制作用。

将结果导向转换为过程导向，去享受自己慢慢改变的过程，从这个过程里小小的进步中不断肯定自己获得正向反馈，而非让自己去忍受、坚持，这样你的行动力才能经久不衰。

在这里我们引入一个微习惯的概念。大多数人都应该知道，习惯养成是一个漫长的复杂的过程，想要很快改掉一个坏习惯或者养成一个好习惯，是不可能的事情，但是当我们刻意去做时，还是可以用一些技巧缩短习惯养成的时间和难度的，那就是从微习惯入手。

所谓"微习惯"，就是人们为培养一个习惯，一开始所进行最简单的、毫不费力的行为，这是行为科学家比杰·福克作出的解释。

本质上来看，微习惯和每天进步一点点如出一辙，它包含以下几个特点：

1.每天需要且只需要一次；

2.它无须你费多少气力和时间，轻轻松松就能完成。

举个例子，比如你想瘦肚子，那就从每天5个仰卧起坐开始；你想学好英语，那就从每天掌握5个单词开始，这些事情很小，很简单，很容易完成，也因此，你不会感到痛苦和煎熬，稍微用点心就能坚持下去。慢慢地，当你熟悉了这个节奏，这些行为就会变成像呼吸一样本能的东西，每天无须刻意提醒，你就能自然而然地去做，到这时，你就可以酌情增加力度，如此重复，不久后一个新的好习惯就养成了。

当然，这过程中还有一个问题不可忽视，小的事情容易做，但同样也容易被遗忘，所以我们要给自己做好提醒，包括两方面。

一是开始前，提醒自己不要忘了这件事，可用的方式有便利贴、备忘录、闹钟等。

二是完成后，给与自己奖励，意在告诉自己再接再厉，可用的方式包括物质犒劳（美食、衣服、视频、礼物等自己当下想要的东西）和精神慰藉（定期的感恩小记、收获总结等）。

刚开始做时，你可能会觉得这些事情太小了，即使坚持下来也没什么意义，但请相信你自己的求知欲和上进心，当你从这日复一日在做的小事中体验到自主性，感受到收获和进步时，你会主动去做更多，在无形中变得自律。

　　正如《象与骑象人》中的那句话，真正的自律，是积极主动地自我实现。而这种积极主动正是从那一点点开始的，一次次微不足道的进步在时间的加持下，成为惊人的改变。

懂得取舍，方得自律

前些天，一个朋友找我聊天，说自己最近活得很累。

"不常说自律的人更自由吗？为什么最近的我这么自律却更辛苦了呢？"他不解地抱怨道。

"怎么了呢？"我问。

"我每天6点半起床，火急火燎地赶到公司，然后开始专心致志地工作，一直加班到晚上10点才回去，但是我的工作总是完成不了，而且领导还觉得我不用心，什么都没做好。我真的好累啊，我早早起床，三餐迅速解决，更不会在生活琐事上浪费时间，却还是处理不完那一堆事情。"说着，他叹了一口气。

"首先，你这根本不算是自律，只能被称作是'强迫式节省时间'，你总觉得是在被逼着完成任务，最终还不能让人人满意，身心俱疲，所以觉得很累。"

"那我该怎么办？我本来挺喜欢这份工作的，现在却被领导批评，都有点抵触了。"他垂头丧气地说道。

"依我看来，你现在最应该做的就是学会'取舍'，工作虽多，但总有轻重缓急之分，你不能全都一视同仁，把重要的做好，紧急的先做，至于那些琐碎的小事暂时先别去想。"

他听了，默默地点了点头。

工作也如人生，人生在世，有太多东西需要我们去背负，如果每一件都揽在肩上舍不得丢弃，最终往往是"捡了芝麻，丢了西瓜"。

就像例子中"我"的朋友，对于工作，他不是不热爱，也不是不够上心，却总是事倍功半，原因就是他不懂得取舍，不管大事小事、重要的还是不重要的，都一股脑儿地想要做到最好，结果往往哪一件也做不好。

这种不懂取舍也正是扰乱他自律的根本，看似每天作息规律，不放纵不怠慢，实际上留存下来的精力都被不重要的事情浪费了，真正用到"进阶事项"上的却寥寥无几，这本质上还是无法抵挡得住干扰和诱惑，又怎么能算得上自律呢？

其实，真正自律的人，都是懂得取舍的人，越自律，越是敢于舍，因为他清楚地知道自己想要什么。

范姐一直是朋友们心中的女性榜样，年纪轻轻的她不仅经营着一家自己的公司，从事着自己喜欢的事业，还活得十分轻松精致，不像有些公司老总，有钱不假，每天却忙得要死要活。

不少人都曾向她讨教生活得如此成功却又惬意的秘诀，范姐每次都会淡淡地吐出两个字："舍得。"

不想穿的衣服，那就扔掉或送人；不要纠结于哪个佩饰和哪套衣服、哪种妆容更搭；你打定了主意要做一件事情的时候就不要考虑太多其他的，然后犹豫不决。

她美丽精致，不是因为她的穿搭多么时尚，而是源于她的自信，即使最简单的衣服、饰品穿戴在她的身上也依然能让人眼前一亮；她活得轻松，不是她有三头六臂，而是她总能快速准确地处理好公司的事务，然后头也不回地去享受，不会患得患失；她气色好、头脑清晰，是因为她作息规律，睡眠充足，还能从一众琐事中抽身，不受其扰。

可以说，范姐能活成朋友心中的标杆女性，全凭自律，而她的自律，本质上就是懂得取舍。

用她的话说："世界上美好的东西多了去了，你不能指望着全放进自己口袋吧，那可能吗？"

几千年前，庄子就曾感叹："吾生也有涯，而知也无涯。以有涯随无涯，殆已。"人生苦短，而知识无尽，用有限追寻无限，又怎么能够达成呢？

庄子好学，以知识为对象发出这样的感慨，当然每个人追求的东西不同，但本质上都可以用一个词概括，那就是"欲望"。

人的生命是有限度的，欲望却是无穷尽的，以有限的生命追寻无穷的欲望，必然不可行。从这一点来看，取舍，其实就是对欲望的规整。

你最想得到的是什么？你最想去做的是什么？你最想成为什么……将所有欲望中最拔尖的那一个择出，以此作为自己的行动指南，那么你所做的事情都会围绕着这个"欲望"进行，不会轻易被旁事分心，自律也就自然而然地形成了。

懂得取舍，方得自律。

克林顿说："决定人生的并不是你选择了什么，而是你选择放弃什么。"

意大利著名男高音歌唱家帕瓦罗蒂在孩提时期，有着广泛的兴趣爱好，他既喜欢音乐，也喜欢科学，既想当教师，也想做工程师。他每天都在做自己喜欢的这些事情，却总感觉到吃力。

后来，在父亲的告诫下，帕瓦罗蒂明白了其中缘由，果断选择在音乐领域深造，日复一日地练习歌唱，最终成为家喻户晓的歌唱家。

每一个在世间行走的人，都背着一个褡裢，边走边放入拿出，取放之间，人们总是犹豫不决。放入不易，拿出更难，所以很多人一生都在纠结里负重前行，碌碌无为。而那些将沉重但不紧要的包袱卸下的人，得以轻装上阵，更好地追寻自己真正想要的，最终成就了美丽人生。

有时候，放弃并不意味着懦弱、逃避或是能力不足，反而是一种认清自我、坚定自我的表现，也是一种及时止损、继续前行的方式。